CATALOGUE

DES

GENTILSHOMMES

DE NORMANDIE

QUI ONT PRIS PART OU ENVOYÉ LEUR PROCURATION AUX ASSEMBLÉES DE LA NOBLESSE
POUR L'ÉLECTION DES DÉPUTÉS AUX ÉTATS GÉNÉRAUX DE 1789

Publié d'après les procès-verbaux officiels

PAR MM.

LOUIS DE LA ROQUE ET ÉDOUARD DE BARTHÉLEMY

PREMIÈRE LIVRAISON

PARIS

E. DENTU, LIBRAIRE | AUG. AUBRY, LIBRAIRE
AU PALAIS-ROYAL | 16, RUE DAUPHINE

1864

AVERTISSEMENT.

La Normandie était une des plus grandes provinces de France. Elle était bornée au nord par la Manche, à l'est par la Picardie et l'Ile de France, au midi par la Beauce, le Maine et le Perche, à l'ouest par la Bretagne (1). Ce pays avait fait partie du royaume de Neustrie sous les rois Mérovingiens ; Charles le Simple le céda en fief à Rollon, chef de l'invasion normande, en 911 par le traité de Saint-Clair-sur-Epte.

Rollon fut la tige des ducs de Normandie, dont une branche bâ·tarde régna sur l'Angleterre de 1066 à 1135, et finit par une fille, Mathilde, mariée à Geoffroy Plantagenet, comte d'Anjou, qui se fit couronner roi d'Angleterre en 1154.

Le duché de Normandie conquis par Philippe-Auguste sur Jean-sans-Terre, petit-fils d'Henri Plantagenet, fut réuni à la couronne en 1203, et servit d'apanage au fils aîné du roi de France, qui prit le titre de duc de Normandie, jusqu'à ce que celui de Dauphin eut prévalu.

« De tous les états provinciaux abolis par l'ancienne monarchie, ceux de Normandie avaient duré le plus longtemps (2) ; ils survé-

---

(1) La Normandie avait pour armes : « De gueule à deux léopards d'or. » Paillot ui donne : « D'argent à trois têtes de sanglier de sable. »

(2) Ceux de Languedoc, de Bretagne et de Bourgogne duraient encore en 1789.

curent à Richelieu lui-même et ne disparurent définitivement que
sous Mazarin, en 1655. Ces états, dont l'origine remonte au temps
des ducs, reparaissent souvent dans l'histoire de la Normandie ; cette
province doit bien certainement à la permanence de ses anciennes
franchises une grande partie de sa prospérité (1). »

La Normandie comprenait, sous la métropole de Rouen, les six
évêchés de Bayeux, Avranches, Evreux, Séez, Lisieux et Coutances.
La juridiction du Parlement, dont le siége était à Rouen, s'étendait
sur sept grands bailliages et autant de siéges présidiaux. L'adminis-
tration financière et politique de la province était divisée en trois gé-
néralités ou intendances dont les chefs-lieux étaient Rouen, Caen et
Alençon. La même étendue forme aujourd'hui les cinq départements
de l'Orne, l'Eure, la Manche, le Calvados et la Seine-Inférieure.

La particule dite nobiliaire qui n'avait pas, sous l'ancien régime,
l'importance acquise de nos jours, est très souvent jointe au nom
patronymique ou seigneurial, sur les procès-verbaux originaux dé-
posés aux Archives de l'Empire, et forme corps avec lui comme
Debellefond, Dechoiseul, Demontmorin, Demoges, Depoitevin, etc.
Nous avons restitué entre parenthèse la véritable orthographe aux
noms qui nous étaient le plus connus. Quant aux titres, nous
nous faisons une règle absolue de ne transcrire que ceux qui sont
portés sur les procès-verbaux.

Paris, le 25 juin 1864.

(1) *Les Assemblées provinciales sous Louis XVI*, par M. Léonce de Lavergne.
p. 240.

CATALOGUE

DES

GENTILSHOMMES DE NORMANDIE

BAILLIAGE D'ALENÇON.

Procès-verbal de l'Assemblée générale des trois ordres du bailliage d'Alençon, et des bailliages secondaires d'Argentan, de Domfront, d'Exmes et de Verneuil (1).

16 mars 1789.

(*Archiv. imp.*, B, III, 2, p. 569, 629-663.)

NOBLESSE.

René de Vauquelin, chevalier, marquis de Vrigny, Sgr de Saint-Pierre et de Saint-Martin de Vrigny, la lande de Goult, la Fresnaye aux Sauvages, Saint-Malo et autres lieux, ancien capitaine de cavalerie, chevalier de Saint-Louis, grand bailli d'épée d'Alençon.

---

(1) Nous croyons devoir faire observer qu'un certain nombre de familles nobles ont pu ne pas figurer dans les assemblées de Normandie, pour cause d'absence, de maladie ou d'abstention.

L'orthographe des noms a été revue avec soin sur les procès-verbaux originaux, pour la plupart des bailliages de Normandie, conservés aux archives de l'Empire.

Louis-Stanislas-Xavier, fils de France, frère du roi, Monsieur, duc
d'Anjou, d'Alençon et de Vendôme, comte du Maine, du Perche et de
Senonches, représenté par
Le vicomte Le Veneur, maréchal de camp, président de l'assemblée du
département provincial d'Alençon.

Hauts et puissants Sgrs, messires, chevaliers et nobles :

Achard de Bonvouloir, représenté par M. de Villiers.
Michel-Grégoire Bougis de Courteille.
Alexandre-Nicolas de Belhomme,
    — de Livardière.
Jacques-Vincent de Chambray.
Jean-Jacques Costard de Bursard.
Pierre-Denis-Antoine de Chandebois.
Jacques-Alexandre-Richard Chagrin.
Claude-René Cordier de Montreuil,
    — de Graffard.
Amable de Château-Thierry.
Thomas-Louis du Perche du Mesnil-Haton.
Louis-Marie des Moulins,
    — Descorches (d'Escorches).
Louis-François de Brossin.
Gabriel-Jacques Brossin de Saint-Didier.
Louis-Jacques du Mesnil de Saint-Denis.
Mathieu-René de Mauloré.
Le comte d'Osmont,
    — de Sainte Croix.
Jean-Charles de Raveton.
Pierre-Charles de Nollent.
Marguerite de Tallenay, veuve de Plainville,
    — de Séran.
Flore-Philippe, marquis de Bonvoust.
Pierre-Louis Avesgo, — son fils.
Charles-Pierre Dorville,
    — de Villiers.
Mme veuve Amable de la Roque-Ménillet,
    — le marquis de Bonvoust.
Charles-Guillaume Brullemail.
Mme de Villereau de Saint-Hilaire la Gérard,
    — Le Roy.
Avesgo.
François-Louis Desportes de Vauguimont,
    — Chesnel.
Charles-Jacques Duhayes (des Hayes) Duplessis, — son fils.
René-Sébastien des Douits du Fay.
François-Jacques des Montis de Boisgautier.
Jean-Baptiste-Simon des Hayes.
Mme de Chandebois, épouse du sieur Dugard.
    — de Mauré (Moré).

Mme la marquise de Saint-Denis.
Charles-Eustache de Favrolles,
— de la Boussardière.
Ferrault,
— de Boisgautier.
De Falandre,
— de la Barre.
Henri-Pierre de Fromond.
André Gougeon de la Binardière,
— Martel.
Mlle de Gautier,
— Desmontes (des Montis).
François-Éléonore Hiver.
Jacques le Hayer du Breuil,
— de Heslou.
Pierre-Richard de Jouanne,
— de Château-Thierry.
De l'Enchal,
— de Boisgervais.
Alexis-Paul-Michel, vicomte Le Veneur.
Le marquis de Courtemanche,
— de l'Escalle.
Charles-Jean Le Rouillé des Loges.
René-André-François de la Fournerie.
Jacques-François le Roy de Cerqueil.
Mme veuve Bellier de Villiers,
— de Villiers.
Michel-Louis-François de Lonlay,
— de la Mondière.
Pierre-Charles-Antoine de la Mondière.
Pierre-Dominique Labbé de Vauguimont.
Le Frère du Fretay.
Pierre-Louis Carpentier de Chailloué,
Alexandre Labbé de Bazoches.
Alexandre de Cohardon.
Isaac de la Haye de la Barre.
Le comte de l'Aigle,
— de Bonvoust.
Charles-François Labbé,
— Denis.
Le duc de Montmorency.
Marie Morel Daché (d'Aché).
Claude-Louis Morel de Cursis.
René de Moloré des Fresneaux.
Louis de Mezange de Martel.
Pierre Claude de Maurré (Moré).
Mme veuve de Nollent,
— son fils.
Tom-Gabriel-François d'Olliamson.
René Poullain de Martenay,

— de Bursard.
Guillaume Perrier,
   — Aches (Aché).
Thomas de Ruelle,
   — de Belle-Isle.
Jean-Henri, comte de Rabodanges,
   — Le Veneur.
René Salles,
   — de Maisons.
Félix de Saint-Aignan de la Bourdonière.
Le duc de Sully,
   — le marquis de Ray.
Mme de Sémallé,
   — de Guéroult.
Le marquis de Courthomer.
Le comte de Médavy,
   — le marquis de Courthomer.
Charles Thibout de Thouvois.
Turpin de Fontaine,
   — de Fontaine, garde du corps
Mme de Boullemer,
   — de Boullemer.
Jacques-Pierre de Villiers de Hisloup.
Le marquis de Saint-Léonard.
Mme de l'Emperière de Montigny,
   — de Gaffard.
Jérôme-Jacques-Charles de Louvet,
   — de la Pinière.
Jean-Baptiste-Joseph de Saint-Aignan.
Philippe-Anne-René Moloré.
Mme d'Escorches,
   — de Guerpel.
Charles de Bonvoust.
Jacques de Tilly.
Charles Coëzard de Jambon.
Louis-Henri de Recalde.
François de Brossin de Fontenay.
René le Mouton de Bois-Deffre.
Louis le Marchand du Canel.
Jean le Marchand du Canel.
Jean Quittel de la Martinière.
Gédéon de Caulincourt.
Louis du Perche du Mesnil-Haton fils.
Pierre du Mesnil, chevalier de Villiers.
François-Charles de Nollent.
Étienne-François Neveu de Champret.
Pierre-Nicolas de Mezanges.
Jean-François de Moultemer.
Claude Palliard de Bourgueil.
Théodore le Bellier de Villiers.

Charles-Philippe, chevalier de Villiers.
Pierre Coëzard du Haye.
Pierre le Carpentier de Sainte-Honorine.
Pierre de Mezanges-Dugas.
Bernard de Château-Thierry du Breuil.
François-Dominique de Regnier.
François Dufrêne de la Guerre.
Jean-Aimé d'Avoust.
Quillet de Fontaine.
Des François de Pont-Challon.
Emmanuel de la Fournerie des Boisgenu.
Gaspard-Antoine de Barville.
Michel-Nicolas de la Haye de Cour d'Évêque.
Jean-Antoine des Monts de la Morandière.
François Le Tessier de Launai.
Jean-Pierre de Guéroult de Boisgervais.
Pottier du Fougeray.
René du Mellanger.
René le Mouton de Boisdeffre.
François de Régnier.
Charles Drouard.
Pierre-Ambroise de Bordin.
François Coëzard, chevalier d'Écatey.
Nicolas-Jacques du Pont du Quesnay.
Etienne Le Roy, chevalier du Bourg.
Barthélemy d'Alleaume de Trefforest,
 — de Tilly.
Charles-François, chevalier de Fontaine de la Boussardière.
Jean-Baptiste le Cointe de Marsillac.
Hilaire Guyon de Cuigny.
Théodomir, chevalier de Château-Thierry.
René de Château-Thierry de la Dépenserie.
Mme veuve de Launay,
 — de Launay.
Nicolas Launay du Jardin.
Jean-Alexis de Launay, — Cochet.
Auguste Duhaye (des Hayes), chevalier du Plessis.
Emmanuel-Pierre de Brunet de la Jubandière.
Augustin de Fromont, chevalier de Mieuxé.
Pierre-Jean de Frotté.
Julien-François du Mesnil de Villers l'aîné.
Antonin-Louis-Etienne de l'Escalle.
René-François de Brossard.
Henri-Geoffroy d'Antenaise (Anthenaise).
Le chevalier Sevin.
Chandebas du Moncel.
Etienne-Bon-François-Alexandre de Jupilles.

BAILLIAGE SECONDAIRE D'ARGENTAN.

Henri de Coullibœuf,
 — le comte de la Pallu.
Alexandre, baron de Norville,
 — le comte de la Pallu.
François de Malherbe,
 — Régnier.
Pierre-Joseph-François de Régnier.
Mme veuve de Vaufleury de Malterre,
 — de Saint-Léonard.
Alexandre-Noël-Anne de Norville.
Gaspard de Coullibœuf,
 — de Norville.
François Duhamel de Milly,
 — le comte d'Olleméel.
Mme veuve Le Comte de Caullincourt,
 — d'Herbigny.
Louis-Simon de Lénard,
 — d'Herbigny.
Le comte d'Orglande,
 — de Boisdeffre.
Guillaume de Nossé,
 — de la Houssaye.
De Filleul des Chenets,
 — de la Roque.
Jean de Graindorge, baron du Mesnil-Durand.
Mme de Cauvigny,
 — de la Roque.
Marin-Victor Labbey, chevalier de la Roque.
Jacques-François de Vigan,
 — Mollard.
Mme de la Lande,
 — Mollard.
Louis Guyon des Dignières,
 — son frère.
Jean-François de la Pallu.
Charles-Gabriel, baron du Merle,
 — d'Avernes.
Charles du Chemin, Sgr d'Avernes.
Mme de Bordinet,
 — le marquis de Bonvoust.
Louis-Charles de Droulin,
 — de Château-Thierry.
Charles du Signet,
 — de Château-Thierry.
Mme du Moulinet de Prémoisand,
 — de Fontenai.

Mme de Bailleul,
— de Fontenai.
François de Belleau,
— d'Enneval..
Le Paulmier de la Livardrie.
Nicolas des Brosses, baron de Goullet,
— de Louvagny.
François-Charles Labbé,
— de Bras de Fer.
Joseph-René de Gaté,
— de Saint-Didier.
Louis de Cauvigny de Fresne,
— des Rotours.
Jacques-Adrien de Cordé (Corday),
— Dumont.
Marie-Louis-Henri des Corches de Sainte-Croix.
Jacques-Charles de Costard de Bursard.
Guillaume de Gouhier,
— de Bursard.
Charles de Roze (Le Roux) d'Imfreville,
— de Gautier.
Louis Gossé,
— de Corday.
Le Forestier, comte de Vandœuvre,
— de Boisdeffre.
Léonard, vicomte de Maugé,
— Drouard,
Jeanne et Gabrielle du Quesnel d'Allègre,
— Marescot.
François-Bernard de Vigneral de Ris,
— de Seran.
Gédéon de Caslemesnil,
— Rioult.
Stanislas de Rioult.
Léonard des Hayes,
— Le Fénier.
Jean-Baptiste Ango, marquis de Laizeau,
— de Chambray.
Le marquis de Sommery,
— de Chambray.
Charles-Henri des Montis.
Henri Chapelle de Courtilles,
— de Chailloué.
Louis-Alexandre de Bertin.
Christophe de Thirmois,
— de Bertin.
Jean-Baptiste Jourdain Duverger,
— Bertin.
François-Isaac de Cordé (Corday).
Léonard-Isaac de Manoury.

Louis de Manoury de la Brumetière.
Jean-François de Waumel d'Enneval.
Charles Le Prevôt de la Porte.
François de Brasdefer.
Guillaume de Ballias, chevalier de Laubarelle,
  — Bordin.
Etienne-François-Jean de Margeot.
Pierre du Moulin de Sentilli,
  — Dumoulin.
Jean du Moulin la Bretêche,
  — Gouhier.
Gustave de Graindorge d'Orgeville, vicomte d'Aumesnil-Durand (du Mesnil-Durand).
Louis d'Orville de Villiers.
Jacques Marchand de Louvagny.
Charles-François Dubure.
Pierre-Claude de Maurey.
Louis-René-François Le Prévost.
Rolland Guyon de Caday (Corday).
Le marquis d'Avernes.
Jacques-François de Corday d'Armont.
Le marquis de Segrie.

BAILLIAGE SECONDAIRE DE DOMFRONT.

René-Gabriel Doynel,
  — le vicomte Doliomson (d'Olliamson).
Le chevalier d'Olliamson.
Louis Le Frère de Maisons,
  — son fils.
Jacques Le Frère de Maisons, chevalier.
Charles Coupet, tuteur de Jacques Coupet.
Charles Coupet, chevalier de Saint-Front.
Charles-François du Bailleul.
Jacques-Louis Achard, chevalier des Hautes-Noës.
Julien Galleri de la Servière.
Guillaume Coupet.
René Gaudin,
  — de la Servière.
Charles-Pierre-Hervé de Neuville,
  — de la Servière.
Pierre-Martin le Carpentier de Sainte-Honorine.
René-François-Jean Doynel.
Mme de Torchamp,
  — Doynel.
Guillaume-François Gilbert, Sgr d'Haleine.
Jacques-Antoine de Ronnay.
Pittard de la Brizollière.

Dolliamson (d'Olliamson).
Achard de Bonvouloir.
Le Forestier.
Mme veuve de Malterre.
Gabriel Doisnel de Saint-Quentin.
De Lantage.
Le comte de Vacé (Vassy).
De Montpinson.
De la Chaux Montreuil.
De Barbré.
Mme veuve du Rocher,
   — Dufresne.
René-François-Marie du Rocher de Revelle,
   — Dufresne.
Thomas de la Barberie.
Le comte de Flers,
   — de Fontaine.
Le comte de Beaumont.
Jean et Louis-René de Tanquerel,
   — de Fontenay.
Charles de l'Espinasse.

BAILLIAGE SECONDAIRE D'EXMES.

Pierre Le François, sieur de Montchauvel.
Mme de Cromot,
   — de Montchauvel.
Jean-François-Alexandre Chevalier, comte de la Palu.
Jean François-Philippe de Fresnay de la Rivière,
   — de la Houssaye.
Charles-François-Guillaume-Léonard-Isaac de Manoury d'Aubry.
Gaspard-Jacques de Morel,
   — de Manoury.
Louis-François-Urbain des Rotours.
Dlle Louise Le Lasseur de Champozoult,
   — des Rotours.
Pierre le Fèvre de Graffard, Sgr de Pascaux.
Jacques-Alexandre-Reine de Beaurepaire, comte de Louvagny.
Pierre-François de Béville,
   — le comte de Louvagny.
Pierre-Jean-Baptiste-Augustin de Cordé (Corday) de Glatigny,
   — le comte de Louvagny.
Jean-Baptiste-Alexis de Gautier, Sgr de Menilval.
Claudine-Aimée de Chazot, veuve de M. de Mauré (Moré),
   — de Mesnilval.
Nicolas-Jacques Gauthier, Sgr des Authieux,
   — de Mesnilval.

François-Charles d'Antignat, sieur du Mesnil.
Guillaume-Jacques-Bastien Viel de Raveton,
    — d'Antignat.
Louis-César-Marie-Joseph de Montagu, chevalier, marquis d'O,
    — d'Antignat.
Alexandrine-Edmée-Marie-Joseph de Boulla, veuve du comte de la Palu,
    tutrice de sa fille,
    — du Chemin, Sgr d'Avernes.
Louis-François de Brasdefer, Sgr de Mortaux,
    — de Brasdefer, Sgr de Mandeville.
Paul-François de Brasdefer, Sgr de Bouvet.
Jacques-Louis le Marchand, Sgr de Louvagny.
Louis-Félix-Lambert d'Herbigny, Sgr du Chatellier et de la Motte.
Joseph-Gilles-François-Abel le Fessier du Faï, Sgr de Momont.
Ferdinand-Denis, comte de Crécy, baron de Rie,
    — Louis-Jean de Guerpel.
Louis-Jean de Guerpel.
Louis-François de Brasdefer, Sgr de Saint-Gervais du Moutlier,
    — Le Prévôt de la Porte.
Louis-Charles Bonnet, Sgr de la Gravelle,
    — Le Prévôt de la Porte.
Louis-Paul Ango de la Motte de Flers, maréchal de camp,
    — Brétignières de Courteilles, maréchal de camp.
Constantin le Bourguignon du Perré de Lisle, Sgr de Barrou,
    — le marquis de Segrie.
Narcisse Samson de Fontaine, ancien mousquetaire.
Jean-Baptiste de la Houssaye, Sgr de la Coustière.
Marie-Anne-Magdeleine de Gautier, veuve de Jean-Félix du Hauvel,
    — de Gauthier, Sgr de Saint-Bazile.
Nicolas-François de Marescot, procureur général en la chambre des
    comptes de Rouen.
Pierre-Jean, chevalier de Frotté, officier d'infanterie.
Louis-Gabriel de la Houssaye, sieur du Plessis.
Pierre-Louis-Auguste, chevalier de Varin, ancien officier de dragons.
Jean-Baptiste Cavé, Sgr de la Griffonnière.
Louis-Pierre-Daniel Le Petit, Sgr de Seran.
François-Louis de Courtilloles, Sgr dudit lieu et des Agenes,
    — de Lescalle.
Marie Élisabeth de Brullé, veuve de M. de Marigny,
    — de la Livardière.
Louis Alexandre Brochar de la Chenaye.
Charles du Haye (de la Haye) du Mesnil.
François-Laurent-René de la Haye, Sgr d'Ausnoi.
Louis-Henri-Gaston de Brossard.
Etienne-Louis de Meuves, Sgr de Chamboi.
François-Dominique-Odet de Gouyer (Gouhier), baron de Fontenay.
Mme la comtesse de Dampierre,
    — le marquis de Courthomer.
Mme de Guerpel du Plessis,
    — son fils.

François-Christophe de Guerpel du Plessis, premier chef d'escadron au
   régt de Lauzun.
Charles Dumoulin, Sgr de Tercé.
Jacques, vicomte de Chambray, Sgr de Francheville.
Jean-François Guyon, chevalier, Sgr des Diguerres.
De Besnard, Sgr de Courmenil et de Saint-Arnoult.
De Beaumont du Signet du Plessis.

BAILLIAGE SECONDAIRE DE VERNEUIL.

Le marquis de l'Aigle,
   — le marquis de Ray.
Emery-Louis-Roger, comte de Rochechouart.
François-Jacques-Tanneguy Le Veneur, comte de Tillières,
   — le marquis d'Avernes.
Mme Berrier,
   — le comte de Rochechouart.
René-Sébastien des Douits.
Le marquis de Ray.
La comtesse de Béthune,
   — de Fontaine.
Le comte de l'Aigle.
Pierre-Louis de Brétignières de Courteilles, maréchal de camp.
Louis-Eustache Mallard de Maintrevieu (Mallarville).
Mme d'Héricy,
   — le comte de Rochechouart.
Le Cornu de Corboyer.
Valérien-Antoine-François d'Epinay Saint-Luc.
Saint-Aignan d'Auquaize,
   — Tessier de Launai.
Le Prévôt d'Iray,
   — de Saint-Aignan.
Tesson de Lonlai.
Charles-Auguste Gouhier, Sgr de Petite-Ville.
Roussel, Sgr de Cintrai,
   — de Saint-Aignan.
François-Louis-Pierre de Sevin.
Antoine-Frédéric Villette de Raveton,
   — Le Cornu de Corboyer.
Du Moncel.
Mme veuve de la Chapelle,
   — Le Michel de la Chapelle.
Jacques-Gilles de Saint-Aignan de Chavigny.
Philippe-Gabriel-Jacques de Martel,
   — de Fontaine.
De la Roque de Monteil.
Charles-César Le Grand de Souchay.

Le Vacher Depertat (de Perlat).
Louis-Alexandre de Guéroult,
— Le Grand du Souchet.
De Bernais.
Le Prévôt du Bois de la Haye,
— de la Boussardière.
De Foulques.
Nicolas de Valletot, Sgr de la Bellangère,
— de Bretignières.
François-Michel Moucheron de la Bretignière.
Jacques Bazille, Sgr du fief de la Barre.
Auguste de Fréville,
— de Villiers de Heslou.
Dlles Françoise, Généviève et Anne du Roure,
— Legrand de la Pilletière.
Louis-Eustache Mallard de Mallarville.
Antoine-François d'Épinay Saint-Luc, Sgr de Saint-Nicolas de
Sommaire,
— son fils.
Mathieu-Louis le Grand de la Pilletière.
Agis, chevalier de Saint-Denis.
Charles-Antoine du Besnard, maréchal de camp, Sgr d'Avernes et du
Hamel (marquis d'Avernes, maréchal de camp, 1784).

Se sont présentés dans l'assemblée du 19 mars, MM.

Jacques de Frotté.
Charles-François Bordin.
Nicolas-Thomas du Ruel de Belle-Isle, Sgr de Montrayé, capitaine au
corps royal du génie.
Le vicomte du Mesnil-Durand, pour le comte de Rochechouart.
Labbé de Vauguimont, pour M. de Collaincourt (Caulaincourt).
Jambon de Saint-Cyr, pour M. de la Haye Doumoy.

De Chailloué, secrétaire de l'ordre.

BAILLIAGE DE CAEN.

*Procès-verbal de l'Assemblée générale des trois ordres du bailliage de
Caen et des bailliages secondaires de Bayeux, Falaise, Thorigny,
et Vire.*

16 mars 1789.

(*Archiv. imp.*, B. III. 40 p. 153, 163, 307-324 et 339.)

NOBLESSE.

Marie-François-Henri de Franquetot, duc de Coigny, pair de France,
gouverneur de Cambrai, bailli et capitaine des chasses de la varenne

du Louvre, chevalier des ordres du Roi, lieutenant général de ses armées, gouverneur et grand bailli de Caen.

Monsieur, frère du Roi, pour son apanage, représenté par Le comte de Rabodanges (1).

ASSEMBLÉE PARTICULIÈRE DE LA NOBLESSE. (2).

17 mars 1789.

Bailliage de Caen.

Le comte de Cairon Barbières.
Le comte de Grieu.
Le marquis de Morant.
Le marquis d'Héricy-Marcelet.
De Manneville.
De Magneville.
Le Vaillant.
Du Rozel, comte de Beaumanoir.

Bailliage de Bayeux.

Le comte de Balleroy.
Le chevalier d'Héricy.
Le comte d'Houdetot.
Le comte de Saint-Sever.
Le marquis de Malherbe.
De Cussy, marquis de Vouilly.
Le chevalier le Pelletier de Molandé.
Le Tellier de Vaubadon.

Bailliage de Falaise.

Le Provot de Miette.
Cauvigny de Boutonvilliers.
De Rosée d'Infreville.
Le comte d'Oilliamson.
Le comte de Séran de la Tour.
De Brunet de Mannetot.
Dubuisson de Longprey.
Dupont d'Aisy.

(1) Le procès-verbal de l'assemblée des Trois ordres ne contient que ces deux premiers noms à l'appel des membres de la noblesse. Nous l'avons complété par les signatures des membres présents ou représentés à l'assemblée particulière de la noblesse. (B. a. IV. 19.)

(2) Le grand bailli ayant proposé d'élire un secrétaire de l'Ordre, l'assemblée a choisi et nommé pour y présider les huit plus anciens gentilshommes des cinq bailliages principaux et secondaires (B. III. 40, p. 309).

Bailliage de Thorigny.

De Grosourdi de la Verderie.
De la Gonnivière du Butel.
De Nantier de Malloué.
De Loucelles.
De Conseil.
De la Gonnivière de Breuilly.
De Godard de Canteville.
De Lagonnivière des Mares.

Bailliage de Vire.

Le comte d'Arclais de Montamy.
Le Pelletier de Molandé.
De Banville de Brécy.
De Corday d'Arclais.
De Cheux.
Le Brun de la Franquière (Franquerie).
Avenel.
De Couespel.

M. Grandin, chevalier de la Gaillonnière, fut élu secrétaire.

Pour la rédaction du cahier des doléances il fut délibéré de choisir cinq commissaires par bailliage, élus à la pluralité des suffrages :

Bailliage de Caen.

De Manneville (Gosselin).
Le comte d'Osseville (Le Forestier).
Le marquis de Cagny (Mesnage).
De Demonville (J. Bonnet).
Le marquis d'Hericy-Vaussieux.

Bailliage de Bayeux.

De Bernay (du Fayet).
Le baron Félix de Wimpffen.
Le Tellier de Vaubadon.
Le comte de Faudoas.
Le comte d'Houdetot.

Bailliage de Falaise.

Le Forestier de Lignon et de la Durandière.
Le comte de Rabodanges.
De Chennevières de Saint-Denis.

De Frotté de Couterne.
Le Forestier, comte de Vendeuvres.

Bailliage de Thorigny.

Duhomme.
De la Gonnivière du Butel.
Le Cordier de Parfouru.
Le Provot, chevalier de Saint-Jean.
De Saint-Quentin de Grainville.

Bailliage de Vire.

Le comte Louis de Vassy.
Des Rotours, baron de Chaulieu.
De Noël-Duparc (du Parc).
De Brouard de Clermont.
Le marquis de Canisy.

« L'ordre de la noblesse du bailliage de Caen, pour cimenter l'union
« entre les ordres, a délibéré et arrêté de supporter l'impôt dans une
« parfaite égalité, et chacun dans la proportion de sa fortune, ne pré-
« tendant se réserver que les droits sacrés de la propriété et les dis-
« tinctions nécessaires dans une monarchie, s'en rapportant absolu-
« ment aux Etats généraux pour régler les immunités et priviléges à
« conserver indispensablement à la Noblesse. »

Et ont signé :

Le duc de Coigny.
Gosselin Manneville.
Le comte de Balleroy.
Le marquis d'Hautefeuille.
Le comte d'Houdetot.
Frotté de la Remblière.
Hue de Prébois.
Le chevalier d'Héricy.
De Malherbe.
Du Rosel Beaumanoir.
Gohier, chevalier de Jumilly.
De Séran de Latour.
De Croisilles.
Charles, vicomte de Grandvaux
    ou Grand-Devaux.
De Saint-Germain du Houlme.
Noël du Rocher.
Le comte de Rabodanges.
Le comte de Faudoas.
Le comte Edouard de Marguerie.
Le chevalier de Croisilles.

D'Héricy Marcelet.
De Paulhou.
Chevalier de Cussy-Vouilly.
Le comte de Cairon.
Chantelou.
Le comte d'Olliamson.
Le marquis d'Héricy.
Le baron d'Ecrammeville.
De Couvert, baron de Coulons.
D'Anjou de Boisnautier.
Morin de Montcanisi.
Le Forestier, comte d'Osseville.
Le baron d'Aché.
Le baron de Feuguerolles.
Le chevalier d'Agneaux.
Dubreuil du Marchais.
Dumanoir.
Le Forestier de Lignon.
Dufayel (du Fayel).
Moisson-Devaux.
Hue de Mathan-Devaux.

Litry.
Le marquis de Morant.
Baron de la Tour du Pin.
De Morel de Than.
Le chevalier du Fayel.
Bailleul.
Noël Duparc (du Parc).
Montalembert.
Achard Mesnilaugrain.
De Billeheust d'Argenton.
De Frotté de Couterne.
Le comte d'Aubigny.
Patry de Villiers.
La Gonnivière de Breuilly.
Le ch. Louis de Ronnay.
De Malherbe.
Le comte Louis de Vassy.
Dubuisson du Longpré.
Le chevalier de Fribois.
Le comte Le Vaillant de Brécy.
Le chevalier l'Archer.
Grieu d'Estimanville.
Damayé (d'Amayé).
De Cantepie.
D'Aulnay.
Le comte de Beauvoir.
Le chevalier de Ronnay.
Le Harivel de Gonneville.
Le comte de Montbelliard.
Dieu Avant de Nerval.
De Beaudre de Saint-Enoux.
Cussy de Vouilly.
Le marquis de Mathan.
Chevalier de Blanchard Deséville.
De Piedoue d'Héritot.
De Noirville.
Piedoue, chevalier d'Héritot.
De Piedoue de Charsigné.
Le chevalier Le Cordier.
Dubuisson de Courson.
Le Pelletier de Molandé.
De Selles de Prévalon.
Le Tellier de Vaubadon.
Le Petit de Trousseauville.
Léonard de Rampan.
Banville.
Henri de Fribois.
Pierre-Pont de Pierrepont.
Bonnet de Demonville.

La Gonnivière-Dubutel.
Bourdon de Verson.
Marguerit de Rochefort.
Le chevalier Dehaussay.
Le Forestier, chevalier d'Osseville.
Dauge de Tournebu.
Bréville.
Saint-Quentin de Grainville.
De Brossard.
Dufay de Boismont.
De Pierrefitte.
De Cauvigny Saint-Sever.
Conseil Dumesnil.
Bouquet de Surville.
Planchon de Méhédiot.
Marquis de Campigny.
Banville de la Londe.
Rioult de Villaunay.
Le baron de Séran.
Saffray de Vimont.
D'Aignaux de Monceaux.
Cauvigny de Boutonvilliers.
Le chevalier de Vanembras.
De Hainault de Cantelou.
Le Cloûtier de Tracy.
Chaumontel.
Collardin.
Jean de Crévecœur.
Meiflet.
Louis de Cauvigny.
Le comte d'Albignac.
Subtil de Saint-Louet.
Cordier de Parfouru.
De Baudrand.
Cairon Devaux.
Sermentot.
De Corday d'Arclais.
De Croisilles.
Piedoue de Glatigny.
Demontfiquet.
Viel de la Graverie.
Doynel de Saint-Quentin.
Lioult de Morigny.
De la Gonnivière des Mares.
De Guernon de Ranville.
Guilbert Degoville.
De Scelles de Saint-Pierre.
Blouet.
De Cheux.

Noël de Tontuit.
De Saint-Clair.
Vautier Deslagnes.
Le Harivel de Flagy.
Des Rotours de Quatrepuits.
Dubuisson de Courson.
Béville.
Le chevalier de Brunville.
Le marquis de Canisy.
Des Rotours de Chaulieu.
Le chevalier de Valois.
Harel.
Adam.
Dubreuil.
La Roque Ménillet.
Senot.
Le comte d'Arclais de Montamy.
Le marquis de Grieu de Gran-
  douet.
Drudes de la Tour.
Du Châtel de la Morlière.
De Flambart.
Hélie de Tréperel.
Conseil de Saint-Laurent.
De Chantepie.
Le Coq de Saint-Cloud.
De Fribois de Nonnant.
Le chevalier Henri de Néel de la
  Croix.
De Béville.
De Crévecœur Baussy.
De Brébisson.
Bourdon-Delisle.
Fayel de Berné ou Bernay,
Le Sens de Folleville.
Le Marchand de Caligny.
Le Brun de la Franquerie.
Hue, marquis de Bougy.
Le Coq de Beuville.
Le Sueur des Fresnes.
Bonnet de Meautry.
Beauregard.
Le Vaillant de la Ferrière.
Comte de Néel Brunville-Poussy.
Grosourdy de Lalonglande.
Le Harivel de Sainte-Honorine.
Blagny, sieur de Cantelou.
Gohier Dugast (du Gast).
De Percy.
De Beaudre Noyers.

De Billeheust Dusaussay-Dubois.
P. Pepin de Feugray.
André des Pommerais.
Canivet de la Rouge-Fosse.
De Vauborel.
Chevalier de la Pommerais.
Comte d'Angerville.
La Cour.
Grimouville.
Devoyne du Tilleul.
Le comte Doulcet.
Rozée d'Infréville.
Le Provot de Saint-Jean.
Subtil de Beaumont.
Magneville..
De Banville-Brécy.
Vicomte d'Angerville.
Le Boucher d'Émiéville.
Turgot.
Hue de la Rocque.
Le chevalier de Chazot.
Achard de Vacognes.
Massieu Dupont d'Aisy.
Le comte de Vendeuvres.
Le Harivel de Maizet.
De Dampierre.
De Couespel.
Subtil de Martainville.
Delamock La Pigacière.
Cauvigny.
Mesnage de Cagny.
Bazin, marquis de Bezons.
De Chazot.
Le marquis d'Oilliamson.
D'Agneaux.
Brouard de Clermont.
Le chevalier d'Oilliamson.
Léonard Désilles (des Isles).
Le chevalier de Couvert.
Le Fréron de Longcamp.
Le Boucher de la Boulaye.
Fribois de Beneauville.
Le chevalier de Meiflet.
Lescale.
Le chevalier de Thoury.
Le chevalier de Molandé.
Louis-Charles de Baupte.
De Baupte de Moon.
Cairon de la Varende.
Dulouchet (du Touchet).

Gautier de Carville.
Picquot de Magny.
Briqueville.
La Mare, Sgr de Longueville.
Calmesnil.
Briqueville.
Croisilles.
Potier de la Conseillière.
De Sainte-Marie.
Picard de Formigny.
De Précarré. R. (1).
De Ranville. R.
Le Boucher de Bremoy.
Fréard du Castel.
Le chevalier de la Cour.
Betteville.
De Tournebu.
Adeline du Quesnay.
Duhomme.
Le marquis de Venoix d'Amfre-
    ville.
De Chennevières de Saint-Denis.
Cairon de Vougny.
Le chevalier le Cordier.
Le Petit de Montfleury.
Cauvigny de Clinchamps.
Cauvigny-Fresney.
Le Coustelier.
Mesnage, chevalier de Cagny.
Picquot d'Allemagne. R.
De Rosnay des Mellières.
Cairon de Cairon.
Janville. R.
La Boderie. R.
Bonchamps de Bréville.
Philippe Le Boucher.
Grosourdy de la Verderie.
De la Motte de Briens.
Bourguignon-Dumesnil.
De Gouville Brétheville.
Le Provot de Rouxeville.
Godard de Canteville.
Le chevalier Gohier d'Aingleville.
Le Vallois de Barneville.
Bernard de Villiers.
Le chevalier du Boitesselin.
Malherbe.
Jean de Crévecœur.

Baillehache de Longueval.
Le marquis de Juigné. R.
De Livry. R.
Le Bourgeois Desbanes, chevalier
    de Saint-Louis.
Decouvins (de Couvains). R.
Demaux.
Déloncelle (de Lomelle).
Potier de Saint-Remy.
Debaudrand. R.
Mesley. R.
De Cheux.
Graindorge de Chicheboville. R.
Touchet de Beneauville.
Jollit de Villiers.
De Beaurepert. R.
Rondel. R.
La marquise d'Hermanville. R.
De la Haye de la Lande.
Lefebvre. R.
Morin de Banneville. R.
De la Haye de la Lande.
De Fribois des Authieux. R.
Droullin de Charleville.
Venois d'Amfreville.
Le Duc de Saint-Clou. R.
Le comte de Blangy. R.
Oursin de Montchevreil. R.
De Morel. R.
De Thoury. R.
Le marquis de Ségrie. R.
Delamariouze, baron de Mombré.
    (de la Mariouze-Montbray). R.
De Labbey, Sgr d'Ameville. R.
Ricœur de Bamont.
Du Boistesselin.
Vallée Desonfrairie. R.
De Bonenfant.
De Monfriard.
Renault d'Argouges, ancien offi-
    cier de dragons.
Mathan de Méry. R.
Le prince de Monaco. R.
Dessars de Saingueville ou Sic-
    queville. R.
Grandin de la Gaillonnière, se-
    ·crétaire de l'ordre de la No-
    blesse.

Le Procès-verbal de l'Assemblée particulière de la Noblesse fut clos et arrêté le 28 mars 1789, et signé par MM.

Le duc de Coigny.
Cordier de Parfouru.
Le baron Félix de Wimpffen.
Le comte Louis de Vassy.
Le Forestier de Vendeuvres.
Le marquis d'Hautefeuille.
Picquot de Magny.
Mesnage de Cagny.
Manneville.
Du Rosel Beaumanoir.
Le comte de Rabodanges.
Le Forestier, comte d'Osseville.
Saffray de Vimont.
Patry.
Achard de Vacognes.
Brouard de Clermont.
Le comte de Cairon.
Le Sens de Folleville.
Lompian de Beauregard.
Fouasse de Noirville.
D'Anneville de Chiffrevast.
Hue Deprébois (de Prébois).
André de Chaumontel.
Panthou Darville.
Léon-Nicolas-Urbain de Cairon.
De Gouville de Brétheville.
Cairon de Cairon.
Le chevalier Mesnage de Cagny.
Cauvigny de Ribay.
Charles-Louis-Henri Hébert Debeauvoir (de Beauvoir).

Massieu.
Le chevalier d'Héricy.
De Guéroult, avocat.
Le baron d'Aché.
Bronville La Bouillonnière.
De Marquier de Dampierre.
Le marquis Alexandre-Jean de Morant.
Piédoue, chevalier d'Héritot.
Le Coustelier.
Le Coq de Beuville.
Malherbe.
Néel de Tontuit.
De Bonenfant.
Le baron de Seran.
Du Touchet.
Le comte de Guernon-Ranville.
Bonnet de Meautry.
Alexandre-Jean de Crévecœur.
Baussy.
F.-J.-P. de Chazot.
Daudel.
Le marquis de Grieu.
Le Harivel de Gonneville.
Le marquis d'Héricy.
Le comte de Chazot.
Le chevalier de Gasteblé.
Grandin de la Gaillonnière, secrétaire de l'Ordre.

BAILLIAGE DE CAUX.

Procès-verbal des séances des trois états du bailliage de Caux.

16 mars 1789.

(*Archiv. imp.*, B. III. 43, p. 142, 216-227.)

NOBLESSE.

Nicolas-Charles–Armand de Bailleul, chevalier, marquis de Bailleul,
  Sgr et patron de Bailleul, etc., grand bailli d'épée du pays de Caux,
  conseiller du Roi en tous ses conseils, et président à mortier du
  Parlement de Normandie.
Anne-Alexandre-Gabriel-Augustin de Cairon, chevalier, Sgr de Panne-
  ville en Caux.
Louis-Jacques Grossin de Bouville, Sgr de Bouville, en Caux,' ci–devant
  conseiller au parlement de Normandie.
Anne-Léon de Thiboutot, marquis de Thiboutot, maréchal de camp,
  commandeur de Saint-Louis.

BAILLIAGE SECONDAIRE DE CAUDEBEC.

Cabeuil de Vauruy (du Vaurouy), pour lui et pour
  — Le Pezant de Bois-Guilbert,
  — de Breauté.
De Beauvoir,
  — d'Houquetot,
  — Mme de Hautot Saint-Sulpice.
Boisbert (Boishébert) de Rafftot,
  — Destouteville (d'Estouteville),
  — le Viguier de Dampierre.
De Cairon,
  — de Germiny,
  — dame Desmarest, présidente de Torcy.
Devallory (Valory),
  — Delestanville (Lestanville),
  — Depoutrincourt.
Demongeffroy (Mongefroy),
  — de Coqueromont (Coqueraumont),
  — de Lintot.

De Bailleul de Valletot,
     — dame de Foville et ses enfants.
De Brihon,
     — de Maulevrier,
     — Mallet de Grasville.
De Colleville,
     — Dambrin Demontigny (d'Ambray de Montigny).
     — Dumesniel (du Maisniel).
Costé de Triquerville,
     — Costé de Saint-Suplix,
     — Betteville d'Héberville.
Deperdeville (Perduville).
     — Lepetit, Sgr du Toupin.
Devaudrais (de Vandrets),
     — Allain Dufayel, officier aux gardes françaises.
     — Mme du Bec, dame d'Allouville.
Boishébert de Cliponville,
     — Mme le Cornier d'Angerville,
     — l'abbé de Maisonval.
De Durdan,
     — de Brossart.
Depommare (des Pommares),
     — l'abbé Henriques Dufayel.
Filleul d'Amertot,
     — Bigot de Sommesnil père,
     — Bigot de Sommesnil fils.
Levenois (Le Venois) d'Attentot,
     — Arnois de Bornanbun (Bornambusc).
     — Mme de Varegenville (Varengeville).
     — le comte d'Albon, Sgr d'Yvetot.
Dulac Demontereau (de Montreau),
     — de Baunay de Saint-Aubin.
Hilaire Deneville (Néville).
     — Belhomme de Glatigny.
De Sirène,
     — Mme de Goustimesnil (Goustiménil),
     — Mme Demoy d'Eclot (de Mouy d'Ectot).
Grossin de Bouville,
     — le Président Denneval (d'Esneval),
     — de Vielmaisons (Viels-Maisons).
De Lillers,
     — Debiéville (Biéville).
Titaire de Glatigny fils,
     — Titaire de Ruffay père.
     — Degiffart (de Giffard).
Cavelier de Mocomble (Maucomble).
     — Mme de Malembert,
     — Cavelier de Piscal.
Degrieu (de Grieu).
Isnel.

Denormanville (Normanville).

BAILLIAGE SECONDAIRE DE MONTIVILLIERS.

De Mirville,
— Monsieur, frère du Roi,
— Mme d'Ambrin.
Dyel de Limpiville,
— Bertrand de Bourgtheroulde,
— Guedier de Viennois.
Isnel de Comble,
— Mme de Paval,
— Mme Deginetteville (de Quetteville).
Hais de Marfauville,
— Mme de Trébons,
— Detrébon fils (Trébons).
Leroux des Trois-Pierres,
— de Senneville,
— Deguichainville (Guichainville).
Dequiézeville,
— Detrémauville (Trémauville),
— Mme Demirville (Mirville).
Du Bocage de Bléville,
— Grenier,
— Mme Debierville (Bierville),
— Lagrange (de la Grange).
De Sainneville,
— Martonne de Vergetot,
— Mme des Trois-Pierres (Leroux).
Demontgion (Cavelier de Montgeon),
— de Malherbe,
— Lecouteux.
Romé de Fresquesne, baron du Bec,
— Decoltot,
— Desmarets de Saint-Aubin.
De Blanc Manoir,
— de Beaunay,
— d'Apprix.
Delafortelle (La Fortelle),
— Etrepagny de Martigny,
— Mme Demahiel.
Decanville (Cauville),
— Degrouchet,
— De Graveron.
De Rallemont,
— le duc de Charost, — le comte de Charost fils.
De Benouville,
— de Medines.
Le Roux d'Ignauville,

— Thomas de Bosmelet,
— Auboy de Folleville.
De Sandouville,
    — Mme de Colleville,
    — Doré de Banville (Bariville).
Dhoudetot (Houdetot),
    — Mme de Catteville-Filières,
    — de Hunolstein.
Toustain de Richebourg,
    — Mme de Mellemont (Melmont),
    — Langlois de Breteuil.
Le chevalier de Beaunay,
    — Mme de Monteaul (Montault).
Conradin-Ducastillon (du Castillon),
    — de Montboissier,
    — de Bouclon.
Devenoix (Venois),
    — Le Picard de Veules,
    — de Thibermont de la Mirre.
De Thiboutot,
    — d'Avernes,
    — Remi Courselles.
Guéroult de Thonville (Thouville),
    — de Maupeou,
    — de Minfault.
De Bénouville.
De Cuverville (Cavelier).
De Pelcœur (Paix de Cœur).
Le Maréchal.
Dastron.

BAILLIAGE SECONDAIRE DU HAVRE.

Lestorey de Boulongne, fils aîné,
    — Lestorey de Boulongne, père,
    — De Canouville.
Foache,
    — Busquet de Caumont,
    — Desmarets des Gaudes.
Leneuf Detourneville (Tourneville),
    — Demontagny d'Etlan,
    — Mme de Brossard, dame de Grosménil.

BAILLIAGE SECONDAIRE DE CANY.

De Cany,
    — d'Hattainville (Hattenville).

Le président de Janville,
— Asselin de Villequier,
— Dufilleul.
Le chevalier de Janville,
— Asselin de Crévecœur,
— de Saint-Ouën de Gourcelles (de Courcelles).
De Saint Vulfran,
— Lefebvre d'Amfreville,
— Duhamel de Criquetot.
De Clercy,
— Clercy Devauville (Veauville),
— Marye de Merval.
De Ricarville,
— de Caillebot de la Salle.
D'Héricy,
— Le prince Demonaco (Monaco).
— Duretot (de Cretot).
Guyot d'Etalleville,
— de Limezy,
— Minfaud Detourville (Minfault de Tourville).
D'Arrantot fils,
— d'Arrantot père.

BAILLIAGE SECONDAIRE D'ARQUES.

D'Offranville,
— Parent d'Alençon,
— Parent d'Ostranville (Offranville).
Dupont d'Englesqueville,
— Dechoiseul-Gouffier (Choiseul-Gouffier),
— de la Vallée.
Douvrandel,
— de Bannerville,
— Dacheux d'Inerville.
Le Clerc de Thézy,
— de Mathan,
— Milleville d'Auberville.
De Bourbelles-Montpinson (Bourbel-Montpinçon),
— de Belleville,
— de Galye Dhybouville (Hibouville).
De Rassent,
— de Ménibus (Mesnilbus).
D'Aubermesnil,
— d'Aubermesnil père,
— Delablandinère (La Blandinière).
D'Héric (Dericq) d'Ecaquelon,
— Leclerc du Tot,
— Parent de Saint-Ouen.

Demontgrime,
> — d'Imherval de Breteuil,
> — de Blosseville.

D'Herbouville,
> — de Pardieu.

Caron Desménils (des Mesnils; Mesnil le Grand et le Petit),
> — Aprix de Vimont,
> — Decuverville de la Motte (Cuverville).

Dequiefdeville,
> — Mme de Maulevrier,
> — Marsel d'Ablemont.

Saint-Ouen d'Ernemont,
> — Mme de la Granderie.

Dumont de Bostaquet,
> — Cotton d'Englesqueville,
> — Devarvanes (Varvannes).

Le marquis de Mortemart,
> — Le duc d'Harcourt,
> — Le duc de Montmorency,
> — La duchesse de Mortemart.

Le président Delacoude (La Londe),
> — Le président Bigot,
> — Le comte de la Heuse.

Detorcy (Torcy),
> — Mme de Pracontal,
> — Daudasne (d'Andasne) d'Elincourt.

Decaumont (Caumont),
> — Le duc de Penthièvre,
> — Mme de Reynel.

Defoville (Foville).
> — Le Roux de Feugray,
> — Demontsure (Monsures) d'Elcourt.

Madderé Decatteville (Catteville),
> — Defoville (Foville) des Jeunes Ifs.

De Bacqueville.

D'Ausseville (d'Osseville).

BAILLIAGE SECONDAIRE DE NEUFCHATEL.

De Sommery,
> — de Belbeuf,
> — de Trye.

De Reffuveille,
> — de Viels-Maisons de Sully,
> — Delarue d'Héricourt.

De Blangy,
> — Mlle Degouzeville (Gouzeville),
> — d'Epinay.

Debiville (Biville),
　　— Mme de Sesmaisons,
　　— de Limoges.
De Sarcus,
　　— de Fautereau,
　　— Defrières.
D'Aubigny,
　　— dame Groullard de Rogessières (Bogeffroy).
De Rainfreville,
　　— le maréchal Demailly (Mailly),
　　— Demontmorin (Montmorin).
D'Abancourt,
　　— de Belleval,
　　— de Calonne.
De Bennetot,
　　— Demaupeou (Maupeou).
De Tresforest,
　　— Mme de Berville,
　　— Galye Deperduville (Perduville).
Doudan,
　　— de Villers,
　　— De Fréville.
Gueudré de Ferrières,
　　— Mme de Bolhard,
　　— de Fontenay.
Lemarinier de la Jonquière,
　　— Mme de Closmoulin,
　　— de Blainville.
D'Esclavelles (Cavelier),
　　— Cavelier d'Esclavelles.
Saint-Ouen de Beauval,
　　— Huges de Bacquencourt,
　　— Mme Croustel des Vallours.
De Corneil (Corneille) de Beauregard,
　　— Bosquet de Saumon.
Thomas Dufossé (1).

---

*Protestation de la Noblesse du bailliage de Valognes contre une délibé-
ration prise dans l'assemblée de la ville,*

15 décembre 1788.

(*Archiv. imp.*, B. III, 54. p. 572-576.)

De Hectot d'Octeville.
Le chevalier de Colleville.

---

(1) On trouve en outre sur le procès-verbal original du bailliage de Neufchâtel, revêtu
des signatures de tous les gentilshommes présents, la signature de *M. Cotton de la
Jonquaye* (Communiqué par M. Steph. de Merval).

De Gigault, marquis de Bellefond.
De Gigault, comte de Bellefond.
Dubuisson, ancien chef de division des canonniers garde-côtes.
De Quettehou.
Le marquis de Marguerye.
Le comte du Tertre.
De la Houssaye, marquis d'Ourville, commissaire de la noblesse.
Le Trésor d'Ellon.
Le Courtois de Sainte-Colombe.
De l'Emperière de Chanteloup.
Le chevalier de Caligny.
Anquetil, chevalier de Beaudreville.
Le chevalier d'Aigremont.
De Pépinvast.
De Lucas la Metairie.
Le chevalier du Poërier.
Du Poërier.
Le Cauf de Bannoville.
Le chevalier de Bannoville.
De Beatrix.
De Balain, lieutenant de Roi.
Le chevalier d'Ouville.
Le chevalier de Beaugendre de la Cour.
Le chevalier Dancel de Pierreville.
Dursus (d'Ursus).
Picquenot de Lislemont.
La Marre.
Dumesnil.
Le chevalier de la Marre.
Dauville Poisson.
Pottier, chevalier du Quesney.
D'Avice.
Dancel.
Le chevalier Dancel.
Siméon de Berteauville.
Le chevalier du Mesnil-Dot.

BAILLIAGE DE COUTANCES.

Procès-verbal de l'Assemblée générale des trois ordres du bailliage de Coutances (1).

16 mars 1789.

(*Archiv. imp.*, B. III. 53. p. 94, 237-362.)

Thomas-Louis-Antoine Desmarets, chevalier, Sgr de Monchaton Bavent, Faux la Motte, le Chastel, la Giffardière et autres lieux, conseiller du Roi, lieutenant général civil au bailliage et siége présidial du Cotentin, audit Coutances, en l'absence du marquis de Blangy, grand bailli du Cotentin.

Messieurs les nobles possédant fiefs :

Pierre-Charles-Léonor Michel, Sgr et patron d'Annoville et Villiers, possédant le fief du grand et petit Tot, et celui des Rotiers de Douilly à Ouville, représenté par
     — Léonor Michel de Vesly, major d'infanterie, chevalier de Saint-Louis.
Jean-Julien Gaune, Sgr et patron de Beaucoudrey, présent.
Coetteval, Sgr et patron de Bourey, absent.
Le prince de Monaco, Sgr de Bréhal, etc.
     — Charles-Jean-Pierre d'Auxais, chevalier, capitaine d'infanterie.
Louis-Guillaume Desiles, Sgr de Bricqueville et de la Bretonnière,
     — François-Claude Ferrand, chevalier, Sgr et patron de Montenil.
Léonor-Honoré Demons, (de Mons), Sgr de Carentilly et de Cametour.
Marie-Louis de Caillebot, marquis de Caillebot la Salle, de la Haye du puits, Sgr et patron de Biville, la Martel en Caux, comte de Roussillon, Sgr de Charpé, de Marches et de l'Epine en Dauphiné, baron de la Brosse, Sgr de Lapte et de Fay en Velay, chevalier des ordres du Roi, lieutenant général de ses armées, gouverneur de la province de la Haute et Basse-Marche, sénéchal et grand bailli d'épée du Puy et du pays de Velay.
Jean-Baptiste-Bernard Louvel, Sgr de Contrières et du fief de Rombisson à Cavigny.

(1) Cette liste a été revue, corrigée et augmentée sur la minute du procès-verbal des Archives de l'Empire (B. a. IV. 27).

Mme Gaultier de Bussy, dame patrone de Coudeville et de Douville,
— André Potier, Sgr en partie de Saint-Martin le Vieux.

Léonor-Clair de Potier de Courcy, Sgr et patron de Courcy, Sgr et patron de la Hante et du Coudran, ancien ofûcier d'infanterie.

Jean–François-Gédéon le Richier, Sgr et patron de Cérizy Caillebot, de Bray et Grandpré, chef d'escadron de dragons.

Julien Yon, Sgr de Dangy et de Saint-Hilaire.

Pierre-Charles de Gourmont, Sgr de Dracqueville, lieutenant-colonel d'infanterie, chevalier de Saint-Louis.

Nicolas-Joseph-Jean-Adrien-Louis de Gohier, chevalier de Saint-Louis.

Guillaume–François Douessey, chevalier, Sgr et patron de Grastot, Brainville, etc.,
— Charles-Louis, chevalier de Verdun.

Léonor-Marie-Charles Morel, Sgr de Grimouville et Saint-Etienne,
— Auguste-Louis Guérin, Sgr d'Agon.

Dlle Marie-Charlotte Christy, fille mineure du sieur Christy de la Morinière, écuyer, Sgr de Hautteville, près la mer.
. — Charles-Michel Duprey Desiles, capitaine d'infanterie, au bataillon de garnison Dauphin.

Louis-Charles-François, comte de Bérenger, Sgr et patron de Heranguerville, Montaigu et Canteloup.

Alexandre-Antoine-Georges Desmarets, Sgr et patron de Héugueville.
— Georges-Alexandre-Clair Desmarets, officier dans la division de Mont sur vent.

Noble dame Marie–Françoise-Elisabeth Delisle (de l'Isle), dame du fief de Condé à Heuqueville.
— Jean-Baptiste Demary (de Mary), Sgr de Bactot, ancien capitaine d'infanterie.

Louis-Antoine Tanquerey de la Monbrière, Sgr et patron d'Hienville et du fief de la Champagne, etc., à cause de la dame Charlotte-Marguerite Deslandes (des Landes), son épouse.
— Charles-Antoine Tanquerey son fils, capitaine de dragons.

Deguer (de Guer), marquis de Pontcalé, Sgr de Rocquigny, et la Haye Paisnel, absent.

Le marquis de Juigné et cohéritiers, représentants M. de Saint-Germain, Sgr de la Baleine.
— Léon-Marguerite Le Clerc, baron de Juigné.

Georges-Jacques-Robert Deperonne de la Sablonnière, Sgr de l'Engronne et de Cérences en partie.

Jean-Pierre-Anne le Tellier, Sgr de la Haye Bellefond du Guislain, et du Cens à Moyon.

Jean-Malo-Julien Loquet, Sgr de la Lande de Dairon.

Luc-François Boucher de Vallefleur, Sgr du Loreur Gatigny et de la Beslière.

Jean Fraslin, Sgr et patron du Lorey.

Nicolas Frémin de Beaumont, Sgr de Beaumont en Lingreville.

Paul-Bernard Demary (de Mary), Sgr et patron de Longueville et Breville, chevalier de Saint-Louis.

Deguer (de Guer) propriétaire du marquisat de Marigny, Sgr de Hauteville, leGuichard, absent.

Charles le Maître, Sgr du Mesnil-Aubert.

Mme la marquise de Campigny, dame du fief de Maupertuis,
— Jean-Pierre-Anne le Tellier de Montaure.

Dame Marie-Anne Le Brey, veuve de messire Bernard, Sgr de Bricqueville, etc.
— Charles-François-Bernard, sieur de Bricqueville, chevalier
de Saint-Louis, capitaine au régt de Limousin.

Charles-Joseph-Eugène Mauger, Sgr du Mesnil-Herman,
— Jean-Pierre-Anne le Tellier, Sgr de la Haye Bel'efond.

Jacques-Henri-Sébastien Michel, Sgr de Monthuchon,
— Antoine-Charles-Julien-Jean Poupinel, Sgr de Quetreville,
ancien officier de dragons au régt de la Reine.

Thomas-Louis-Antoine Desmarets de Monchaton, lieutenant-général
civil au bailliage de Coutances, Sgr de Monchaton, etc.
— Louis-François de Cussy, marquis de Mandeville, Sgr de
Jenonville ou Imoville, etc.

Georges-Louis-Antoine Desmarests, Sgr de Bavent, absent,

François-Claude Ferrand de la Conté, Sgr et patron de Monteuil.

La dame veuve et les mineurs du sieur Ferrand, Sgr de Montmartin,
— Charles-Daniel Loir, chevalier, Sgr du Lude, de Réville, etc.

Charles-Antoine-Alexandre Le Forestier, Sgr de Muneville, près la
mer, etc.

Le Painteur de Normesnil, Sgr de Chanfremont et de Breuilly,
— Auguste-Louis Guérin, chevalier, Sgr d'Agon.

Nicolas-Charles-Antoine Le Comte, Sgr d'Imonville et de Montmartin,
— Maximin Le Comte, ancien officier au régt d'Aquitaine.

Louis-Pierre Dubreuil, Sgr de Montfiquet en Percy, à cause de noble
dame Angélique-Blanche-Marie de Surtainville, son épouse.

Noble dame Suzanne-Françoise-Angélique Le Tellier, veuve de
M. de Lenault, Sgr de la Varablière et Saint-Martin à Percy,
— Louis-Charles-François, comte de Bérenger, Sgr et patron
de Hérenquerville, Montaigu et Canteloup.

Le comte Alexandre de Vassy, Sgr de Pirou et Auneville,
— François-Claude-Marie, vicomte de Bricqueville, major en
second du régt de Vexin.

Jean-Charles-Louis-Pierre Bourdon de Saint-Ebremont, Sgr de Saint-
Ebremont sur Lozon et Quesney.

Antoine-Charles-Julien-Jean Poupinel, Sgr et patron de Quetreville,
Sgr de la Porte, à Saint-Nicolas de Coutances.

Noble dame Jeanne-Marie-Louise de Colardin, veuve de M. le marquis
de Pienne,
— Claude-Adrien Le Comte, chevalier, Sgr de la Varengerie.

Bon-Chrétien, marquis de Bricqueville, Sgr de Roncey et de Neuville au
plain, sous Saint-Sauveur le vicomte, chevalier de Saint-Louis et
de la Société de Cincinnatus, chef d'escadre des armées navales.

René-Joseph-Robert de Brebœuf, commandant à l'île de Marie-Ga-
lante, Sgr de Maupertuis et de la Lande.

Guillaume-Antoine-Pierre de la Haye, chevalier, Sgr et patron de
Senoville, Saussey et du Mesnil Saint-Jean.

Jean-François-Louis Demary, (de Mary), Sgr des Traits en Saussay.

Guillaume-Rémy-Charles Kadot (Cadot), comte de Sebeville, Sgr de Savigny, capitaine au régt de Bourbon dragons.

Pierre-François de Cussy, chevalier, marquis de Vouilly, Sgr d'Outresoulles.

— Antoine Raoult, comte de Cussy, Sgr de Cavigny la Mare du désert, etc., capitaine de dragons.

Le Vaillant, marquis de Saint-Denis, Sgr de Saint-Denis le Gast et du Tanu,

— Henri Le Forestier, comte de Mobec.

François-Claude-Marie, vicomte de Bricqueville, Sgr de Saint-Jean des Champs, major en second au régt de Vexin.

Charles-Hervé-Valentin-François de Bordes de Foligny, capitaine des vaisseaux du roi, Sgr et patron de Saint-Malo, de la Lande, etc.

Léonor-Charles-Antoine Duprey, Sgr des fiefs du Mesnil Osmont et de Villiers.

André Potier, Sgr en partie de Saint-Martin le Vieux.

François de Chantepie, prêtre, Sgr de la Fosserie,

— Hervé Michel, sieur de Chambert.

Noble dame Bonne-Charlotte Hue de Laugrune, marquise de Benouville, baronne de Courcy, dame de la Marre, veuve de M. Antoine Gilain, Sgr marquis de Benouville, mestre de camp de cavalerie, lieutenant des gens d'armes de Bretagne,

— Bernard-Henri-Louis Hue, chevalier de Caligny, lieutenant au régt de Beauce.

Charles-Marie Lucas de Saint-Pair, Sgr honoraire de Saint-Pair et Saint-Aubin des Préaux, etc.

Jean-Antoine-François-Olivier-Léonor de Rampan, Sgr et patron de Saint-Romphaire, Sgr de Bricqueville, Menil Ceron et Briquehoule, capitaine de cavalerie, chevalier de Saint-Louis.

Alexandre-Constantin de Saffray, comte de Saffray, Sgr de Tourville, Danerey et Quarterey, du Mesnil-Vaudon et de la Mollière.

Noble dame Marie-Suzanne-Jeanne-Renée-Scholastique Le Tellier, veuve de messire Louis-Charles-François de Bérenger, dame et patronne d'Etrety,

— Louis-Charles-François, comte de Bérenger, Sgr et patron de Herenquerville, Montaigu et Canteloup, son fils.

Noble dame Anne-Marie-Gabrielle Potier-Novion, comtesse de Brassac,

— Louis Laffoley Sorteval.

Henri Le Forestier, Sgr comte de Mobec, Sgr de Claye, d'Osseville, de Ver, baron de Gouville et de Valence.

Messieurs les nobles non possédant fiefs, domiciliés dans le ressort du bailliage de Coutances :

Gabriel-François de Cussy, chevalier, lieutenant au régiment des gardes et chevalier de Saint-Louis.

Léonor-François-Auguste Gervaise du Mesnil au Mont.

Jean-Augustin Dancel, chevalier de Saint-Louis, ancien capitaine des grenadiers du régiment de Guienne.

Hippolyte du Mesnil Adelée.

Adrien-François du Mesnil Adelée, Sgr de Cartot.

Pierre Dulhois (Duthon).

Georges Demary (de Mary).

Gand-Pierre Quinette de Cloisel.

Pierre-Jacques-Louis Le Marié.

Jacques Le Marié des Landelles.

François-Léonor Couraye, sieur du Parc.

Etienne-Louis-Léonor Michel de Vesly, chevalier de Saint-Louis, ancien major d'infanterie.

Hervé Michel, sieur de Chambert.

Jean-Charles-François Hue.

Charles-Roland Hue.

Philippe-Bon-Marie-Anne Demary (de Mary).

Louis, marquis de Caillebot, major en second du régiment de Vintimille.

François-Alexandre Duchastel (du Chastel).

Guillaume-Nicolas-Léonor Potier de la Varde.

Pierre Destouches (des Touches), sieur de Langotière.

Georges-Alexandre Desmarets d'Heuqueville, officier de canonniers.

Charles-Antoine Tanquerey d'Hyenville, capitaine de dragons.

Jacques-François-Pierre Potier.

Jacques Yvelin.

Bon-Amand-Henry Yvelin, officier garde-côte.

Louis-Auguste-Gaspard Poytevin du Rosay.

Philippe-Clair-Jacques Hue, sieur de la Morinière.

Jean Dumesnil (du Mesnil).

Pierre Goüeslard, sieur de Vaucelle, capitaine de canonniers.

François Goüeslard, lieutenant de canonniers.

Charles-Jean-Baptiste-Augustin Gohier, sieur de la Héronnière, chevalier de Saint-Louis.

Jean-Charles-Claude de Clamorgan.

Nicolas-François de Tournebu.

Louis-Thomas-David, sieur de la Monterie.

Louis Duquesne.

Jacques-André Duquesne.

Bon-Thomas-René Duquesne.

Jean-Pierre Duquesne.

Maximin Le Comte Dimonville (d'Imonville).

Pierre Goueslard.

Gilles-Gilbert-Léger-Pierre Goüeslard

Jean-Charles-François Le Comte, chevalier, ancien capitaine commandant au régt du Maine, chevalier de Saint-Louis.

Pierre-Louis Demelun (de Melun).

Aimable-Julien Yvelin, sieur du Manoir.

Paul-François-Henri-Nicolas Le Comte, chevalier d'Imonville, ancien capitaine commandant des grenadiers au régt du Maine.

Marie-Michel-Nicolas de Guillebert, sieur du Boisroger.

Louis-René Potier du Parc.

Claude-Rose de la Motte, Sgr honoraire de Saint-Planchés, ancien garde du corps de Monsieur.

Jean-Baptiste de Chantepie, ancien officier d'infanterie.
Jean-Baptiste-François Boudier, sieur de la Valennerie.
Michel-Francois de Marceuil du Vauderon.
Michel-Jean de Marceuil.
Louis-François-Félix des Isles.

BAILLIAGE SECONDAIRE DE SAINT-LO.

Messieurs les nobles possédant fiefs :

Le comte de Valentinois, baron de Saint-Lô, absent.
De la Gonnivière, Sgr de la Valancelle, représenté par
    — Bonaventure de Saint-Gilles de la Gonnivière, Sgr de Grai-
    gnes.
Mme Duchemin, veuve de M. de Longueville, capitaine de cavalerie,
    propriétaire de la sergenterie noble de Saint–Lô,
    —Paul-Bernard Demary, (de Mary) Sgr et patron de Longue-
    ville et Breville, chevalier de Saint-Louis.
Mme Louise-Jeanne d'Anneville, comtesse d'Héricy, dame des fiefs de
    Saint-Georges Maizeray, Lignerolles, Pierrefitte,
    — Adrien-François du Mesnil-Adelée, Sgr de Cartot.
Le comte de la Luzerne, Sgr du Bois Sainte-Croix,
    — François-Alexandre-Léonor Jolis, Sgr de Villiers-Fossard.
Jean-Baptiste Le Comte de Vissié d'Etude (le comte de Vissec de la Tude),
    tuteur des mineurs de M. de Sainte-Marie, Sgr d'Agneaux.
Jean-Baptiste-Louis Leverrier de la Conterie, Sgr et patron d'Amigny et
    Saint-Brice en partie.
Duchemin de la Tour, Sgr des Pezerils,
    — Bonaventure de Saint-Gilles, chevalier, Sgr de Graignes.
Léonor Kadot, Sgr et patron de Baudre, absent.
Le comte de Fodoas (Faudoas), marquis de Canisy et Sgr de Tri-
    phon,
    — Gabriel-René-André de Lancesseur, chevalier, Sgr de la
    Polinière.
Antoine–Raoul, comte de Cussy, Sgr de la Marre, capitaine de dra-
    gons.
Charles-Louis de Godefroy de Boisjugan, Sgr de Boisjugan,
    — Hyacinthe-Amand-Constant-Honoré de Laissard (Lessard),
    garde du corps.
Charles-Gabriel-Daniel Frotté de Couterne, Sgr et patron de Gourfa-
    leur,
    — Joseph-Bon-Pierre Levavasseur, chevalier, Sgr et patron
    d'Hiéville et Cérizy, ancien officier d'infanterie.
Bonaventure de Saint-Gilles, Sgr de Graignes en partie.
De Godefroy de la Hazardière, Sgr de Soulles,
Charles-François Dancel Dutot, chevalier de Saint-Louis, major d'artil
    lerie, Sgr de Groucy, comme ayant épousé Jeanne-Charlotte le Cour-
    tois Derouville.

Louis-Joseph de Godefroy de la Hazardière, Sgr de Soulles.

— Jean Elisabeth de Godefroy de la Magdeleine, garde du corps du Roi.

Noble dame Jeanne-Marie Hue de la Roque, veuve de messire François Rocher, dame du fief de la Roque à Hébecrevon,

— Léonor-Honoré-François Demons (de Mons) Sgr et patron de Carentilly et Cametour.

Pierre-Félix de Beaugendre, Sgr de Laubrie et de la Digardière, etc.,

— Charles-Léonor-Auguste Avice de la Theboterie, Sgr d'Asnière.

Luc-René-Charles Achard de Perthus de Bonvouloir, chevalier, Sgr de Bonvouloir, Loyauté, de Perthus-Achard, etc., ancien capitaine de cavalerie, chevalier de Saint-Louis.

Mme de Contrières, dame du fief de la Couillardière,

— Robert-Marie-Justin Louvel, chevalier de Contrières, son frère.

Noble dame Jeanne-Françoise Viel, veuve de messire Charles-Jacques-Michel Dauxais (d'Auxais), chevalier, Sgr de Sainte-Marie, baronne et patrone du Mesnil-Amey,

— Michel-Nicolas de Guillebert de Boisroger.

Nicolas-François-Auguste Le Roy de Daix, Sgr de Mesnil-Angot,

— Jean-François-Auguste Le Roy, son fils, chevalier de Daix, ancien officier au régt de Piémont-infanterie.

Mme de Boutrand, dame du Mesnil-Rouxelin, absente.

Jean-Philippe d'Auxais de Montfarville, Sgr du Mesnilveron.

Noble demoiselle Catherine-Jeanne Simon de Montreuil, dame de la chatellenie de Montreuil,

— Pierre-Jacques Le Sens, chevalier, Sgr et patron de Neufmesnil.

Mme Louise-Pauline-Françoise de Montmorency-Luxembourg de Tingry, veuve de Mgr Louis-Francois-Joseph, prince de Montmorency, premier baron chrétien de France, maréchal de camp, ancien menin de S. M., dame de la baronnie de Chateauneuf en Thimerais, du marquisat de Crécy, etc., baronne de la Rivière de Saint-Frémond en Normandie,

— Constantin-Frédéric-Timoléon, comte du Parc, Sgr du Mesnil au Val, du Chapitre, de Barville, officier au régt du Roi.

François-Parfait de Berruyer, Sgr de Saint-Fromond.

Mme Charlotte-Françoise de There, marquise d'Ambray,

— Jean-Philippe d'Auxais de Montfarville.

Guillaume-Pierre Le Poupet, Sgr de la Vicomterie,

— Jean-Baptiste, comte de Vissec, ancien lieutenant-colonel de dragons.

François-Alexandre-Léonor Le Jolis de Villiers, Sgr de Thére.

Messieurs les nobles non possédant fiefs :

Jean-Baptiste, comte de Vissec, chevalier de Saint-Louis, ancien lieutenant-colonel de dragons au régt Dauphin.

Antoine-Louis-François de Guillebert Duperron.

René-Alexandre de Lorimier, ancien garde du corps de Monsieur.

Pierre de Varoc, chevalier.

Alexandre-François-Louis Le Verrier, fils de Jean-Baptiste-Louis Le Verrier, Sgr et patron d'Amigny.

Jacob-Alexandre-Victor du Saussey.

Jean-Elisabeth de Godefroy de la Magdeleine, garde du corps du Roi.

Hyacinthe-Amand-Constant-Honoré de Godefroy de Lessard, garde du corps du Roi.

Jean-Baptiste de Godefroy d'Osbert, lieutenant des canonniers.

Paul de Fortecu (Fortescu).

Jean-François-Auguste Le Roy, Sgr de Daix.

Nicolas-Jacques-Michel-Auguste du Mesnil Saint-André.

Charles-Jean-Pierre d'Auxais, chevalier, capitaine d'infanterie.

Jean-Louis-François Le Duc.

Marie-Charles-Antoine d'Arthenay.

BAILLIAGE SECONDAIRE D'AVRANCHES.

Messieurs les nobles possédant fiefs :

Charles-François de Gouvets, Sgr d'Angey,
— Jean-Baptiste de la Hache.

René-François Piton, Sgr de la Malesière et du Gault.

Henri-Joseph de Lambert, marquis de Lambert, Sgr et patron d'Ancey.

Jean-René-Antoine de Verdun, Sgr et marquis de Crenne,
— Charles-Louis, chevalier de Verdun.

Le Sgr du fief des Fourchemins, absent.

Pierre Ernault de Chantor, Sgr et patron de Bacilly et de la Haye Comtesse.

Gabriel-René-André de Lancesseur, Sgr de la Polinière.

Pierre François de la Broise, Sgr et patron de Saint-Nicolas de Granville, etc.,
— Rodolphe-Henri de Billeheust de Saint-Georges.

Mme de Nollent, dame de Bois-Yvon, absente.

Louis-Jean-François Martin, Sgr et patron honoraire de Bouillon.

Julien-Louis de Billeheust, Sgr et patron de Braffais.

Armand-Charles Tuffin, marquis de la Roirie, Sgr de Carnet,
— Charles-Joseph Tuffin de Villiers, Sgr de Villiers et de Ducy.

Jean-Baptiste de la Hache, Sgr de Champeaux.

Gabriel-Jean-Baptiste-Victor Payen, Sgr de Chavoye.

Louis-Charles-Jean-François du Rozel de Vaudry, Sgr de Cherencé le Héron,
— Jean-Jacques-Julien du Quesnoy, marquis du Quesnoy.

Jacques-Julien-René-Grégoire de Gouvets, Sgr de Courti et Boiton.

Paul-Thibault d'Anizy de la Roque, Sgr de Folligny,
— Jean-Baptiste le Roy, chevalier de Brée et du Curé, capitaine d'artillerie, chevalier de Saint-Louis.

Jean-Baptiste le Roy, chevalier de Saint-Louis, capitaine d'artillerie, Sgr de Brée et du fief du Curé.

Charles-Philippe-Louis-Bernard de Fleury, Sgr de Blins,
— Pierre-Louis de Clinchamps, Sgr de Précey.

Louis-Julien de Rommilly, Sgr et patron honoraire de la Chapelle Hamelin,
— Louis-Henri Artur, Sgr du Plessis.

Léonor-Claude de Carbonnel, comte de Canisy, — Jean-Louis de Carbonnel, chevalier, baron de Marcey, Sgr de Belval, chevalier de Saint-Louis.

Noble dame Antoinette-Charlotte Turgot de Saint-Clair, veuve de messire René-Gabriel, comte de Boisgelin, comtesse de Boisgelin, dame de Gripon,
— Jacques-Julien du Quesnoy, marquis du Quesnoy.

Doynel, comte de Quincey, Sgr du Luot, absent.

Laigre de Grandville, Sgr des Loges-Marchis, absent.

Charles-Eugène-Narcisse de la Roque, Sgr de la Vallais.

Gervais-Gilles-François Tardif, chevalier de Moidré, Sgr des Pas, chevalier de Saint-Louis, ancien capitaine de cavalerie.

Desperrais de Neuilly, Sgr de Lolif, absent.

Auguste-Henri-Louis-Jacques Boudier de Codeville, Sgr du Mesnil Balisson, absent.

Gilles-Louis de Poilvillain, Sgr du Misouard à Lolif.

Jean-Baptiste-Louis le Roy, Sgr de Commerey et Macey,
— Jean-Baptiste le Roy, chevalier, Sgr de Brée et du Curé.

Jean-Louis de Carbonnel, baron de Marcey, Sgr de Belval, etc.

Tesson de la Mancelière, Sgr en partie du Mesnil-Adelée, absent.

Charles Tardif de Vauclair, Sgr de Moidré, absent.

Guitton de la Vilberge, Sgr de Montanet, absent.

Dubois Delauney, Sgr de Montviron, absent.

Noble dame Marie-Catherine Jacqueline le Masson, veuve de messire Charles-René-Adrien Vivien de la Champagne, Sgr et patron de Plomb,
— Gabriel-Jean-Baptiste-Victor Payen, chevalier, Sgr et patron de Chavoy.

Jean-René-Marie Vivien de Sartilly, Sgr de la Champagne et patron de Plomb,
— Jacques-René-Jean-Baptiste Artur, chevalier, Sgr de Villarmois, Launay et Champagne.

Jacques-René-Jean-Baptiste Artur de la Villarmois, Sgr du fief de Launay en Plomb.

Gilles de Belle-Étoile, Sgr du fief du Motel à Pont,
— Louis-Gilles de Poilvillain, Sgr de Misouard.

Victor-Anne Vivien, chevalier de Sartilly, officier au régt du Roi-infanterie,
— Rodolphe-Henri de Billeheust de Saint-Georges, Sgr des Loges-sous-Brécé, etc.

Pierre-Louis-François-René de Clinchamps, Sgr de Précey.

Angot, Sgr du fief du Homme en Précey, absent.

Noble dame Jacqueline-Marie-Anne-Charlotte Bourdon, veuve de messire César Gosset, dame de Routhon,

— Jean-Charles-Louis-Pierre Bourdon, Sgr de Quesney.

Alexandre-Armand de Pontavice, Sgr de Rouffigny,

— Jean-Malo-Julien Loquet, Sgr de la Lande d'Airon.

Pierre-François-Marie, comte du Bourg Blanc, Sgr du Bois de Sélune,

— Charles-François Duhamel, Sgr de Milly, chevalier de Saint-Louis.

Poret, Sgr du fief du Faubrée, absent.

Dubuat (du Buat), Sgr de Saint-Jean du Corail, absent.

Charles-Léonor de Carbonnel, marquis de Canisy,

— Jean-Louis de Carbonnel, chevalier, baron de Marcey, chevalier de Saint-Louis.

Le comte de Scot, Sgr de Saint-Laurent de Terregate, absent.

Jean-Jacques Debordes (de Bordes), Sgr de Rouffigny,

— François-Jean-Augustin de la Noë, Sgr de la Bastille du Boucher.

De Gaalon, Sgr de Dorrières, absent.

Louis-Joseph Martin, Sgr de Surlair,

— François-Jean-Augustin de la Noë.

De Pontavice, Sgr de la Lande, absent.

Noble dame. Anne-Simonne-Françoise de Verdun, veuve de messire Jean-Baptiste-Angélique, comte du Quesnoy, Sgr d'Appilly, tutrice principale et aïeule de demoiselle Françoise-Colombe du Quesnoy,

— Gabriel-Jean-Baptiste-Victor Payen, Sgr de Chavoy.

Thomas-Claude-François du Homme, Sgr de Chasilly en Saint-Senier.

Hervé-Louis-Gabriel Lempereur de la Rochelle, Sgr de Saint-Pierre de Langers, Sgr et patron de Saint-Aubin et de la Beslière.

Malo-Guillaume Martin Duperron (du Perron), Sgr et patron de Saint-Nicolas des Bois,

— Louis-Jean-François Martin, Sgr de Bouillon.

Jean-Jacques-Julien du Quesnoy, marquis du Quesnoy.

René-Gabriel Doysnel, comte de Saint-Quentin,

— Marie-Jean-François de Verdun,

Louis-Georges du Homméel, Sgr de Bréquigny,

– Louis-Jean-François Martin, Sgr de Bouillon.

Louis-Alexandre Andrault, marquis de Langeron, Sgr de Sacey,

— Luc-René-Charles Achard de Bonvouloir, chevalier de Saint-Louis.

Marc-Antoine de la Beslière, Sgr de Vains, chevalier de Saint-Louis.

Jacques-Charles-Alexandre Doynel, marquis de Montecot,

— Thomas-Claude-François du Homme, Sgr du Chassy.

Joseph de Verdun, Sgr de Ballant et de Mesnard.

Jean-Julien de Verdun, chevalier de Ballant, Sgr de Bourdonnaye et de Mesnard-Aveney, officier au régt de Bassigny.

Charles-Joseph Tuffin, Sgr de Villiers et de Ducy.

Messieurs les nobles non possédant fiefs, domiciliés dans le ressort du bailliage d'Avranches :

Louis-Henri Artur, sieur du Plessis.
Charles-François Gaultier, sieur d'Orville.
Jean-René Depierre (de Pierre).
Thomas-Henri Dhalwin (Halwin) de Piennes, chevalier de Piennes.
René-Anne Normand Degarat (de Garat).
Léonor-Robert d'Anjou, capitaine de cavalerie, garde du corps de S. M.
Marie-Jean-François de Verdun.
Jean-Louis-Pierre de Godefroy, ayant les droits honorifiques en la ville de Pontorson.
Alexandre Danjou (d'Anjou) de la Garanne, chevalier de Saint-Louis.
Jean-Baptiste-Claude le Provost, *alias*, Le Provot.
François-Jean-Augustin de la Noë, sieur de la Bastille.
Hélène-François-Julien Delanoë, à Pontorson.
Louis-Charles-Félix de la Beslière.
Jacques de Juvigny, sieur de Vauvert.
Louis-François de Juvigny, sieur de la Dauffere.

BAILLIAGE SECONDAIRE DE CARENTAN.

Messieurs les nobles possédant fiefs :

Charles-Michel-Augustin d'Auxais, Sgr d'Auverville,
— Alexis-Christophe Darot (d'Arrot), chevalier de Vaugoubert, capitaine d'artillerie.
Noble demoiselle Prudence-Sophie-Caroline le Bachelier de Semilly, dame d'Angoville, absente.
Alexandre-François le Forestier, comte d'Osseville, Sgr d'Appeville,
— Marie-Henri-Fortuné le Forestier, chevalier, Sgr et patron de Sydeville, chevalier de Saint-Louis, lieutenant de Roi à Cherbourg.
Auguste-Philippe-Charles Morin, Sgr d'Auvers,
— Charles Duprey (du Prey) des Isles.
Guillaume Desplanques de Lessay, comte d'Auxais,
— François-Louis Bauquet de Grandval, chevalier de Saint-Louis.
Noble dame Marie-Bernardine de Hennot, veuve de messire Jérome-Frédéric de Bignon, dame de Barneville, d'Ecauzeville et du Rozel, absente.
Jean-Baptiste-Léon de Thiboutot, marquis de Thiboutot,
— Pierre-Jacques le Sens, chevalier, Sgr et patron de Neuf-mesnil.
César-Henri, comte de la Luzerne, ministre de la marine, Sgr de Beuzeville, etc.

— Louis-Jean-David le Trésor, chevalier de Saint-Louis, colonel commandant du régt de Lorraine-dragons.

René-Louis de Traisnel de Saint-Blaise, Sgr du Buisson,

— Jacques-Marie Avice, Sgr de Fermanville.

Pierre-Jean-François Yon, Sgr d'Eturcaville (de Turqueville).

François-Hilaire de Tilly, marquis de Blaru, Sgr de Brevent, maréchal de camp,

— Constantin-Frédéric-Timoléon, comte Duparc (du Parc), Sgr et patron du Mesnil au Val.

Mme la marquise de Flottemanville, dame de Grenneville et du fief de Rochefort, absente.

Mme la marquise de Prennetier, dame du fief des Fontaines, absente.

Mme la marquise de Thieuville, dame du fief de Courcy, absente.

De Gouvets, Sgr de Querqueville et Bouttemont, absent.

René-Louis-Gilles-Laurent-Hervé du Bois de Litry, Sgr de Vassy.

— Louis-François de Cussy, marquis de Mandeville.

Jacques-Louis-Gabriel du Mesnildot, ancien capitaine au régt du colonel-général-dragons, Sgr de la Porte.

Charles-Augustin Avice du Mesnil-Eury, Sgr d'Asnière.

Louis-Adrien-Denis d'Osber, Sgr du Val au Chef du Pont, chevalier de Saint-Louis.

Jean-Jacques-Thomas Feuillie, Sgr de Sainte-Colombe à Chef du Pont,

— Léonor-Georges-André Feuillie, son frère.

Mgr Marie-François-Henry de Franquetot, duc de Coigny, pair de France, Sgr de Cretteville.

— François-Bonaventure-Corentin de Mauconvenant, chevalier de Sainte Suzanne.

Mgr Maximilien-Gabriel-Louis de Bethune, duc de Sully, Sgr d'Ecoquerauville et de Sebeville,

— Léonor-Jean-Louis, chevalier le Trésor de la Roque.

Marie de Roüen de Bermonville, Sgr de Foucarville, absent.

Noble dame Françoise-Renée de Carbonnel de Canisy, veuve de messire Louis de Busfile de Brancas, comte de Forcalquier, dame de Méautis et du Mesnilbus,

— Louis-Henry de Chivré, Sgr et patron de Sottevast.

Pierre-Jacques le Sens, Sgr et patron de Neufmesnil.

Chrétien-François de Lamoignon, Sgr de Ravenoville,

— Hippolyte du Mesnil-Adelée.

Louis-Ferrand, sieur Durouville, (de Rouville), Sgr du fief de Mary,

— Pierre-Jean-François Yon, Sgr d'Eturcaville (de Turqueville),

Michel-Marie de Pommereu, sous la garde noble de messire Esprit-Robert-Marie Le Roux, chevalier, baron d'Enneval, Sgr et patron de Sottevast.

Jean-François d'Anneville, baron d'Anneville, Sgr du fief d'Addeville et du Vast-sous-Saint-Sauveur le vicomte,

— Bon-François-Paul d'Anneville, son fils.

Les héritiers du Sgr prince de Souhise, Sgr de Sainte-Marie du Mont, absent.

Léon-Marguerite le Clerc, baron de Juigné, comte de Courtomer, et Sgr de Sainte-Mère-Église.

François-Baptiste Mahieu de Prémare co-Sgr du Mesnil Pouchin,
— Pierre-Jean-François Yon, Sgr de Turqueville.

La demoiselle Hüe du Mesnil, dame d'une partie du Mesnil-Pouchin, absente.

Le président de Bermonville, Sgr de Saint-Germain de Varreville et de Saint-Martin, absent.

Jacques–François-Pelage-Alexandre le Fèvre de Graintheville, Sgr de Saint-Germain,
— Claude–Marie, comte de Bricqueville, chevalier, Sgr et patron de Bretteville, colonel de cavalerie, chevalier de Saint-Louis.

Robert de Gourmont de Saint-Clair, Sgr du Mesnil.

Pierre-Jacques-Gabriel, marquis de Pierrepont, Sgr de Sainte-Honorine, etc.
— François-Bonaventure-Corentin de Mauconvenant, chevalier, Sgr de Sainte-Suzanne.

Nicolas-Anne Morin de la Rivière, Sgr de Vierville,
— Joseph-Bon-Pierre le Vavasseur, chevalier, Sgr et patron d'Hiéville et Cérizy, ancien officier d'infanterie.

Messieurs les nobles non possédant fiefs domiciliés dans le ressort du bailliage de Carentan :

Charles-Michel Duprey (du Prey), sieur Desisles, capitaine au bataillon de garnison Dauphin.

Léonor–Jean-Louis le Trésor de la Roque, *aliàs* de la Rocque.

Louis–Jean-David le Trésor, colonel, commandant au régt de Lorraine-dragons, chevalier de Saint-Louis.

Louis Laffoley-Sorteval.

Léonor-François Mahieu du Saussey, conseiller du roi et son procureur au bailliage de Carentan.

Pierre-François-Michel-Alexandre de Saint-Germain.

François-Louis-Pelage Sorin, sieur de la Marre.

François-René-Anne-Marie le Maignen.

Alexandre-Bernard de Gigault, comte de Bellefond, capitaine de chasseurs au régt de Franche-Comté, fils de Louis-Bernardin-Jacques de Gigault, marquis de Bellefond.

François-Louis de Bauquet de Grandval, chevalier de Saint-Louis.

Jean–François-Chrysostôme Guéroult.

Pierre-Siméon-Louis Sorin, sieur du Hommet.

Alexis-Christophe Darot, chevalier de Vaugoubert, capitaine d'artillerie au régt de Strasbourg.

Jean-Baptiste Dalidan (d'Alidan).

BAILLIAGE SECONDAIRE DE CÉRENCES.

Messieurs les nobles possédant fiefs :

Hervé Le Court, sieur de Sainte-Marie, Sgr du fief de Guelle, absent.
Pierre-Jacques Fremin, Sgr de Lingreville.
    — Etienne-Louis-Léonor Michel Devesly (de Vesly), ancien major d'infanterie, chevalier de Saint-Louis.
Nicolas Deslandes, Sgr et patron de la Meurdraquière,
    — Pierre-Jacques-Louis Le Marié.
Vercingétorix-René de Bordes, Sgr de Folligny, chanoine en l'église cathédrale de ce lieu,
    — Charles-Hervé-Valentin-François de Bordes de Folligny, capitaine de vaisseau.
Le comte de Briges, Sgr de Beauchamps et du Mesnil Rogue,
    — Charles-Adolphe de Mauconvenant, chevalier de Sainte-Suzanne.

Messieurs les nobles non possédant fiefs :

Pierre-Charles-Louis Depierre (de Pierre).
Pierre-Louis, chevalier Depoitevin (de Poittevin).
Anne-Jacques-Barthelémy Dubreuil (du Breuil).

BAILLIAGE SECONDAIRE DE MORTAIN.

Messieurs les nobles possédant fiefs :

S. A. S. Mgr le duc d'Orléans, premier prince du sang, comte de Mortain,
    — Louis-Bernardin Leneuf (le Neuf), comte de Sourdeval.
Charles-René de Verdun, chevalier, Sgr patron présentateur de Barenton, ancien officier au régt de dragons de Monteclair.
Charles-Louis, chevalier de Verdun, Sgr de la Vavassorie du Bignon, de Barenton, ancien lieutenant au régt d'Angoumois.
Jacques-Alexandre de Toury, Sgr de Boussentier, baron de Feugettes,
    — René Payen, chevalier, sieur du Demaine.
Mgr le duc de Penthièvre, Sgr de Beauficel, absent.
Noble dame Françoise-Antoinette de la Roque, marquise de Chevrue, veuve de messire Louis de Chevrüe, chevalier, Sgr marquis du Mesnil-Tove, Bellefontaine, etc., absente.
Noble dame Anne-Charlotte de Vauborel, veuve de messire Louis-François de Vauborel, Sgr de Mouline-Abion,
    — Jacques de la Broise, chevalier, Sgr de la Chapelle-Urée.
Louis-Marie, comte de Vassy, chevalier, Sgr marquis de Brecé, mestre de camp de cavalerie, baron de Landelles, chevalier de Saint-Louis, Sgr de la forêt de Cellant et autres lieux,

— Claude-Marie, vicomte de Bricqueville, major en second du régt de Vexin.

Noble dame Charlotte-Joséphine de Vauborel, veuve de messire Emmanuel-Alexandre-Victor Dericq, (de Ricq), Sgr de Chassegué,

    — Léonor-Robert Danjou (d'Anjou), garde du corps du Roi.

Gilles-Philippe-Marie-Emmanuel Danjou du Longuay, chevalier, Sgr et patron de Coulouvray, chevalier de Saint-Louis.

Léandre-Louis-Urbain Danjou (d'Anjou), chevalier, Sgr de Bansault, ancien officier d'infanterie,

    — Léonor-Robert Danjou (d'Anjou), garde du corps du Roi.

Jean-Baptiste Piton, chevalier, Sgr de la Rousselière, Champagne, Cuves la Motte, etc.,

    — Charles-Eugène de Saint-Paul, Sgr et patron de Lingeard, chevalier de Saint-Louis, lieutenant-colonel de cavalerie.

Charles-André Dupontavice (de Pontavice), Sgr de Ferrières,

    — Jean-Gabriel de Bordes, chevalier, Sgr de Fontenay, chef Sgr de Refuveil, Rifaudais et Delisle.

Pierre-René Avenel de Boisserard, chevalier, Sgr de la Touche, co-patron honoraire de Fontenay, etc.,

    — Léonor-Charles-Louis Poret, chevalier de Saint-Louis.

Charles-Paul-Eugène, marquis de Valory,

    — Charles-Eugène de Saint-Paul, Sgr et patron de Laingheard, chevalier de Saint-Louis, colonel de cavalerie.

Noble dame Marie-Olive de Malherbe, veuve de messire Jean-Baptiste Avenel de Montray, Sgr de Montray, Heussey, tutrice de messire Frédéric-Auguste Avenel, son fils mineur.

    — Jacques-François Payen de la Fermonnière, capitaine des canonniers gardes-côtes.

MM. Ponthaud et de Mésange de Saint-André, chevaliers, Sgrs par indivis du Plessis,

    — Jacques-René-Jean-Baptiste Artur, chevalier, Sgr de la Villarmois, Launay, Champagne.

Charles Destanger de Heusse, Sgr de la Haute-Guyardière,

    — Jacques-Nicolas de Vaufleury, chevalier de Saint-Cyr, capitaine au régt de Bourbon-infanterie.

Joseph-Henri-Thérèse Destanger (d'Estanger), chevalier, Sgr des fiefs du Petit-Husson et du Bobineux,

    — Charles-Antoine Payen, chevalier de la Fresnée.

Thomas-Henry Godard d'Isigny,

    — Thomas-Claude-François Duhomme (du Homme), chevalier, Sgr de Chasilly.

Noble dame Louise-Marie Guiton, veuve de messire Léonard-Pierre de Clinchamps, chevalier, Sgr de Juvigny, absente.

Félix de Saint-Germain, chevalier, Sgr patron de la Bazoge, Estries, etc.,

    — Charles-François Duhamel, Sgr du Millé, chevalier de Saint-Louis, ancien lieutenant-colonel d'infanterie.

Jacques-Baptiste de la Broise, chevalier, Sgr et patron de la Chapelle-Urcé, chevalier de Saint-Louis, ancien capitaine commandant du régt de Monsieur, pensionnaire de S. M.

Noble dame Louise-Perrine-Françoise-Bonne de Lorgeril, veuve de messire Gabriel-Michel Tesson, Sgr de la Mancellière, et messieurs ses
fils,

— Charles-René de Verdun, chevalier, Sgr présentateur de
Barenton.

Charles-François Duhamel, Sgr de la Fosse à Lapenty,

— Jacques-Louis le Harivel, chevalier, baron de Fresne.

Henri-Antoine de Vaufleury, Sgr de Saint-Quentin et de la Bissonnière,
du fief de la Garanterie en Saint-Quentin des Chardonnets sous Tinchebray, et autres lieux,

— Jacques-François Payen de la Fermonnière, capitaine de
canonniers gardes-côtes.

Mathieu de la Chambre, chevalier, Sgr du Mesnil-Tibout, du Vaubont
(Vauborel) et Banson au Tilleul,

— François-Louis-Aimé Couture, sieur de Troismonts.

Noble dame Anne-Françoise Depennard (de Pennard) veuve de messire
Louis de Vaufleury de Malterre, chevalier, Sgr d'Ouessey, Perny, Bois-
hallé, etc., tutrice de ses enfants mineurs,

— Gabriel-François de Vaufleury.

Le marquis d'Oléanson (Olliamson), chevalier, Sgr baron des Biards,
Sgr de Chéris, etc.,

— Léonor-Charles-Louis Poret, chevalier de Saint-Louis.

Noble dame Louise Tesson, veuve de messire Charles Dubuat (du Buat)
et messire René Dubuat, son fils, chevalier, Sgr et patron de la paroisse du Buat, absents.

Jacques Destanger (d'Estanger), chevalier, Sgr de la Mazure et de la
Faverie, chef de division des canonniers gardes-côtes d'Avranches,
chevalier de Saint-Louis,

— Gabriel-René-André de Lancesseur, chevalier, Sgr de la Polinière.

Louis-Marie de Bordes, chevalier, Sgr de Chalandré, le Pluty, etc.,

— Jean-Gabriel de Bordes, chevalier, Sgr de Fontenay, etc.

Rodolphe-Henri Billeheust de Saint-Georges, Sgr des Loges sur
Brécé.

Charles-Eugène de Saint-Paul, chevalier, Sgr et patron de Lingehard,
Sgr de la Provotière et des Rousselières, chevalier de Saint-Louis,
lieutenant-colonel de cavalerie.

Henri de Camprond, chevalier, Sgr de Marcilly, etc., absent.

Jacques-François Payen de la Fermonnière, chevalier, Sgr de la Fermonnière et de la Guaranderie.

René-Mathieu de la Faucherie, chevalier, Sgr du Corps, etc.,

— Louis-Charles Poullain de Nerville.

Henri Gaudin de Villaine, chevalier, Sgr de Mesnilbœuf, etc., absent.

Louis-Félix-Tancrède de Hauteville, chevalier, Sgr des Genetets, du
Mesnil-Thébault et du fief de Sienne à Percy,

— Louis-Charles Poullain de Nerville.

Georges-François-Félix comte de Chevruë, chevalier, Sgr marquis du
Mesniltove, Bellefontaine, etc., Sgr châtelain du Touchet, chevalier
de Saint-Louis,

— René Payen, chevalier, Sgr de la Fresnaye.

Sébastien-Anne de Poilvillain, chevalier, Sgr marquis du Mesnilrenfray et comte de Cresney, etc.,

— Charles-Antoine-Alexandre Le Forestier, Sgr de Muneville près la mer.

Noble dame Anne-Simonne-Françoise de Verdun, veuve de messire Jean-Baptiste-Angélique du Quesnoy, dame et patronne de Montgautier ou Montgotier,

— Gabriel-Jean-Baptiste-Victor Payen, Sgr de Chavois.

Charles-Jean-Gilles de Pracontal, chevalier, Sgr de Naflet, absent.

Jean-François-Toussaint Delorgie *alias* de l'Orgerie (Lorgeril), chevalier, Sgr comte de Lorgeril, Sgr patron de Parigny, Chevreville, etc., capitaine de vaisseau, chevalier de Saint-Louis,

— Charles-René de Verdun, chevalier, Sgr de Barenton.

André-Georges-René Adigard, Sgr du fief des Ganteries,

— Jacques de la Broise, chevalier, Sgr de la Chapelle Urée.

François-Pierre Menage-Delaboutrière (de la Boutrière), Sgr de la Grafardière,

— Jacques-Guy Poullain, Sgr des Chateaux.

Charles-Guy-Bonaventure Achard, chevalier, Sgr de Bonvouloir et de Romagny, major au régiment de Médoc, chevalier de Saint-Louis.

— Luc-René-Charles Achard, son frère, Sgr de Bonvouloir.

Jacques-Augustin des Rotours, chevalier, Sgr et présentateur de Saint-Sauveur, de Saint-Martin de Chaulieu, la Lande, Vaumont, Sgr du Bas Mesnil, la Bourdonnière et la Cochardière,

— François-Louis-Aimé de Cutare (Couture), sieur de Troismonts.

Charles-François de Marceuil, chevalier, Sgr de la Touche, etc.,

— Charles-Eugène-Narcisse de la Roque.

Noble dame Jacqueline-Suzanne Le Harivel, veuve de messire Guy-François de Vaufleury, chevalier, Sgr de Saint-Patrice, tutrice des demoiselles ses filles mineures, et en cette qualité dame de Montaudin et du Teilleul,

— Jacques-Nicolas de Vaufleury, chevalier de Saint-Cyr, capitaine au régt de Bourbon-infanterie.

Noble dame Gillette-Renée-Géneviève-Marie-Joseph-Marthe de Fleury, veuve de messire François-Jean de Lenteigne, Sgr de la Bouteillière et des Aulnays, absente.

Jacques-Augustin Delabarberie (de la Barberie), chevalier, Sgr patron de Refuveille, brigadier des armées du Roi, capitaine au régt des Gardes-françaises,

— Gabriel-François de Vaufleury, chevalier, Sgr et patron de Saint-Cyr.

Gabriel-François de Vaufleury, chevalier, Sgr et patron présentateur de Saint-Cyr, du Bailleul et de Saint-Jean du Corail, Sgr du Bailleul, La Motte, Boudé, etc., conseiller du Roi, lieutenant général civil, criminel, et de police, au bailliage de Mortain.

Charles-François Duhamel, chevalier, Sgr et patron de Milly, Sgr de Moirey et de la Mortière, chevalier de Saint-Louis, ancien colonel d'infanterie.

Eugène Beuve d'Auray, marquis de Saint-Poix, chevalier, Sgr de Montjoie, de Mesnil-Gilbert, Gouey, etc.,

     — Jacques-Julien-René-Grégoire de Gouvets chevalier, Sgr de Courtil.

Louis-Bernardin Leneuf, comte de Sourdeval, chevalier, Sgr et patron de Saint Jean Dufresne, de Saint-Victor, de Crétienville, de Montenay, etc., chevalier de Saint-Louis.

Antoine-Anne-Nicolas de Géraldin, chevalier, Sgr comte de l'Apenty Saint-Symphorien, Buais, Sgr de la Vallée, etc., chevalier de Saint-Louis, brigadier des armées du Roi, grand bailli d'épée du bailliage et comté de Mortain,

     — François-Alexandre-Léonor Lejolis, Sgr de Villiers-Fossard.

Noble dame Anne d'Argenne, veuve de messire Jacques Lambert, Sgr patron de Vengeons, la Graverie, etc., et noble dame Lambert, sa fille, dame et patronne de Vengeons, Beauchesne etc., civilement séparée d'avec messire Jacques-Louis Le Harivel, baron de Fresne,

     — Jacques-Louis Le Harivel, baron de Fresne, Sgr de Beauchesne.

Alexandre Duhamel, Sgr de Villechien, officier au régt de Royal-Roussillon-infanterie.

Charles de L'Abbé, Sgr patron de Viré, chevalier de Saint-Louis,

     — Alexandre Duhamel, chevalier, Sgr de Villechien.

Joseph-Gédéon-Julien-François de la Houssaye, Sgr du Plessis, absent.

Messieurs les nobles non possédant fiefs, domiciliés dans le ressort :

Charles-Eugène-Narcisse de la Rocque de Cahan, officier au régt Royal-cavalerie, demeurant à Mortain.

Jacques-Nicolas de Vaufleury, chevalier de Saint-Cyr, Sgr de Bondé, capitaine commandant au régt d'infanterie de Bourbon.

Charles-Antoine Payen, chevalier de la Fresnaye.

René-Marie Payen.

Jacques-Guy Poulain, sieur des Chateaux.

Louis-Charles Poulain, sieur de Nerville.

Léonard-Charles-Louis Poret, chevalier de Saint-Louis.

François-Louis-Aimé Couture, sieur de Troismonts.

BAILLIAGE SECONDAIRE DE SAINT-SAUVEUR LENDELIN

(Séant à Périers).

Messieurs les nobles possédant fiefs :

Charles-Félix le Cann de Basmarestz.

Auguste-Louis Guérin, Sgr d'Agon et de Fey en Dangy.

Charles-François-Victor-Auguste de Coudren, Sgr du fief du Bois à Aubigny,

     — César-Antoine, chevalier de Brucan.

Charles-Adolphe de Mauconvenant, marquis de Sainte-Suzanne, Sgr de Besneville et de Saint-Nicolas de Pierrepont Lithaire.

Le Mouton de Carmesnil, Sgr de Carmesnil,
— Pierre-Marie Eustace (Eustache), chevalier, Sgr et patron d'Omonville-la-Foliot.

Pierre-Hyacinthe-Henri le Forestier, baron de Clais, Sgr et patron de la baronie de Saint-Patrice de Clais, ancien officier au régt Royal-vaisseaux, propriétaire du fief de la Fretardière au Mesnil-Amant.

Louis-François, vicomte de Perrochel, Sgr de Créances,
— Jean-Jérôme Colas, chevalier de Gassey (Colas de Gacé).

Jean-François-René Leroy, Sgr du Campgrain, et Sgr patron de Feugères.

Louis-Antoine le Trésor de Bactot, Sgr en partie de Feugères et des fiefs de Lessey, de la Luzerne en Montchalon, et patron de la dite paroisse,
— Louis-Jean-David de Bactot le Trésor, son fils, chevalier de Saint-Louis, colonel commandant du régt de Lorraine-dragons.

Detrémauville (de Trémauville), Sgr de Geffosses en Bessin, absent.

Joseph-Alexis Duhérissier (du Hérissier), Sgr de Gerville,
— François du Hérissier, Sgr et patron de Breuville.

Antoine-Guillaume Plessard de Servigny, Sgr du fief de la Vandelée, de Saint-Planchois, Anvers, et Taillefers à Saint-Sauveur de Pierre-pont, chevalier de Saint-Louis.

Turgot, Sgr de Laune, absent.

Charles-Alexandre de Campion, Sgr du Buisson.

Charles-Antoine le Trésor d'Ellon, Sgr de Marchesieux et du fief de la Capelle,
— Thomas-François de Beaudrap, Sgr de Bisville.

Les héritiers de Mme Hellouin, possédant le fief de Cu-Amillières, absents.

Joseph-Gabriel Darot (d'Arot) de Vaugoubert, Sgr de Mont-Survent.

Jean-Baptiste Demary (de Mary), Sgr du fief de Baclot.

Jacques-Paul-François d'Auxais, Sgr de Saint-Aubin du Perron,
— Gabriel-François de Cussy, chevalier, lieutenant aux gardes françaises, chevalier de Saint-Louis.

Pierre-François David, Sgr de Vierville, la Rochelle et Vaudremesnil,
— Pierre-François-Casimir Sorin, chevalier, Sgr de Lepesse.

Marie-Pierre-Jean le Tellier de Vaubadon, Sgr de Saint-Germain le Vicomte et de Gourbesville,
— Henri le Forestier, comte de Mobec.

Pierre-Anne-Georges Ferrand de la Conté, Sgr des fiefs d'Isserand, des Mares et des Landes-Prétot,
François-Claude Ferrand de la Conté, Sgr et patron de Monteuil ou Monteille.

Pierre-François-Casimir Sorin, Sgr du fief de Lépesse.

François-Bonaventure-Corentin de Mauconvenant, Sgr et patron de Sainte-Suzanne, Vasteville, Portbail, Gouey et Saint-Martin du Mesnil.

Beauchef, Sgr de Servigny, absent.

Messieurs les nobles non possédant fiefs, domiciliés dans le ressort :

Jean-Baptiste le Bouleur.
Jean-François Sorin.
Jean-Francois Sorin, sieur du Long Prey.
Jacques-François Sorin, sieur de la Bretonnière.
Thomas Lepoupet (le Poupet), sieur d'Anneville.
Pierre Lepoupet, sieur des Crouttes.

BAILLIAGE SECONDAIRE DE VALOGNES.

Messieurs les nobles possédant fiefs :

Louis-Stanislas-Xavier, fils de France, frère du Roi, duc d'Anjou,
et de Vendosme, comte du Maine, du Perche, de Senonches, etc.
— Charles-Louis-Hector, marquis d'Harcourt et baron d'Olonde,
maréchal de camp, commandant dans la province de Nor-
mandie.
Gilles-René Avice de Sortosville, pour le fief du Quesnay.
François-Charlemagne Couvers de Coulons, Sgr et patron d'Auderville,
— Bon-Henri-Marie, chevalier, marquis de Marguerie, Sgr de
Varouville.
Letort (Le Tort) d'Anneville, Sgr du Breuil à Anneville en Cère, absent.
Charles-Louis-Hector, marquis d'Harcourt et d'Olonde, maréchal de
camp, commandant dans la province de Normandie, Sgr d'Aumeville
en Lestre.
Noble dame Magdeleine-Françoise-Denise le Roux, veuve de messire
Jean-Charles-François d'Yvetot de Benoisville,
— Jean-René d'Yvetot.
Thomas-François de Beaudrap, Sgr de Biville, de Saint-Martin, du Mes-
nil-Sotteville, et du Mesnil-Durand.
Claude-Marie, comte de Bricqueville, Sgr de Bretteville.
Louis-François Duhérissier (du Hérissier), Sgr de Breuville.
André de Hennot, comte d'Octeville, Sgr du Bricquebosq et d'Octéville
la Venelle, de Bienville et Crosville,
— Pierre-François de Beaudrap, chevalier, Sgr patron de
Sotteville.
Hyacinthe Lefèvre d'Anneville, Sgr du fief de Carteret,
— Charles-François de Brucan, Sgr d'Erouville.
De Carneville, Sgr de Carneville, absent.
Noble dame Jeanne-Bernardine Dagier (d'Agier), veuve du sieur le Sens
de Laduquerie, Sgr de Danneville, des fiefs de Canqueville, Argouges
et Belanville,
— Charles-Albert-Marie Huë de Caligny, chevalier non profès
de l'ordre de Saint-Jean de Jérusalem, capitaine de cava-
lerie.
Jean-Pierre-Désiré Lucas de Courville, Sgr de Courville et du fief de la
Chesnée.

Lefèvre de Graintheville, Sgr de Clitourps,
— Claude-Marie, comte de Bricqueville.
Félix-François Dursue (d'Ursus) de Carnanville, Sgr et patron de Crasville,
— Jacques-Marie Avice, Sgr et patron de Fermanville.
Pierre-Victor Eustace (Eustache) d'Enneville, Sgr et patron d'Enneville et du Breuil,
— Pierre-Marie Eustache, Sgr et patron d'Omonville la Foliot, capitaine de dragons.
François-Hyacinthe Lefèvre de la Grimonière, Sgr de Digoville, de Garencières, Saint-Martin du Mesnil, la Bretonnière et la Hanaudière, ancien officier au régt de Colonel général dragons.
Maximilien-Marie-Pierre Le Vicomte, chevalier, marquis de Blangy, Sgr et patron de Fontenay, etc., grand bailli du Cotentin, chevalier de Saint-Louis, lieutenant-général des armées du Roi,
— Marie-Louis de Caillebot, marquis de Caillebot la Salle, chevalier des ordres du Roi, lieutenant général de ses armées, gouverneur général de la province de la Haute et Basse Marche.
Jean-Adrien-Félix Folliot de Fierville, Sgr et patron de Fierville et d'Anneville, chef de la division garde côtes de Barneville.
Paul-Pierre-Auguste Hellouin, chevalier, Sgr de Courcy,
— César-Antoine de Brucan.
Louis de Mathan, marquis de Mathan, Sgr d'Auvers,
— Nicolas Fremin, Sgr de Beaumont.
Jean-Baptiste de Brix, Sgr du fief de Beauchamp,
— Jacques-Louis-Gabriel de Mesnildot.
Jacques-Henri-Pélage André, Sgr de Bois-André et de Vers,
— Jacques-Henri-Pélage André, sieur de Vers, son fils, capitaine de dragons.
Hook, Sgr de Gatteville et de Vrasville, absent.
Jean-Antoine de Bonvalet, Sgr de Dure à Gatteville,
— Charles-Gilles-Valentin d'Avice, capitaine au régt de Chartres-dragons.
Noble dame Marie-Charlotte Massé, veuve de messire Guy-Maurice-Félix Parfait de Lorimier, tutrice principale du sieur Pélage-Adélaïde Delorimier (de Lorimier), Sgr en partie de Greville,
— René-Alexandre de Lorimier.
Michel-Pierre-François du Saussey, Sgr du fief de Gruchy à Greville.
Jean-Baptiste-René Hervieu, Sgr du Val-Ferant, fief relevant de Saint-Sauveur le Vicomte,
— Germain-François-Joseph Colas, Sgr de Premare.
Jean-Nicolas de Berruyer de Gonneville, Sgr et patron de Gonneville et du Mesnil Eury, Sgr de Hubertan et Chanteloup.
Marie-Bonaventure Jallot, comte de Beaumont, Sgr et patron de Gouberville et de Beaumont, du fief de Moulin à Ouville, de Digueville, Jobourg et Neville, capitaine au régt du Roi-infanterie.
Charles-Louis de la Motte Ango Defler (de Flers), Sgr de Hennevert.

Louis-Bernardin-Jacques de Gigault, marquis de Bellefond, Sgr de
Henneville et de Turqueville,
— Alexandre-Bernard Gigault, comte de Bellefond, capitaine
au régt des chasseurs de Franche-Comté, son fils.

Jean-François, comte Dumoncel (du Moncel), chevalier, Sgr d'Etoupe-
ville, Auzeville en Tocqueville à Halleville,
— Jean-Pierre-Désiré Lucas, Sgr et patron de Courville.

Louis-Marin-François-Adrien Pinel de Golleville, Sgr du fief d'Auberville,
— Pierre-Bon-Antoine Le Sauvage, Sgr d'Houesville.

Paul-Hyacinthe-Charles, chevalier, marquis de la Houssaye, Sgr des
fiefs d'Ourville et de Poutrilly, etc.,
— François de Cussy, chevalier, marquis de Mandeville.

Guillaume Simon, sieur de Saint-André, Sgr d'Escarboville et de Teur-
teville au Bocage,
— Prosper-Jean-Hervé Simon, sieur de Vaudreville, son fils.

Léonor-Georges-Adrien Feuillye, Sgr et patron du Hom (Homme) ou
Isle Marie, de Chef du Pont, de Videroville, et Sgr propriétaire du
Ronceray, de Durent et de Rion.

Jacques Dursuë (d'Ursus),.Sgr de Courcy à Englesqueville en Lestre,
— Charles-François de Brucan, Sgr de Rouville.

Jacques-Marie Adoubeden, Sgr de Rouville et des Pieux en partie,
— Jacques-François-Marie Adoubeden de Rouville, son frère,
officier au régt de l'Isle de Bourbon.

Nicolas Daigremont (d'Aigremont), Sgr du fief de Pepinvast au Vicel,
— Prosper-Philippe Daigremont, son fils.

Demoiselles Angélique-Françoise et Catherine-Françoise-Jacqueline de
Beaudrap, sœurs, propriétaires par indivis des fiefs et Sgries d'Oues-
sey en Colomby, Malassis, Auvretot et le Fournel en Saint-Maurice,
— Pierre-François de Beaudrap, chevalier, Sgr et patron de
Sotteville.

Noble dame Marguerite de Camprond, veuve de messire Charles de
Sainte-Mère-Eglise, Sgr d'Omonville-Auvretot,
— François-Hyacinthe-Guillaume d'Anneville, sieur d'Adde-
ville.

Henri-Jacques, marquis Dumoncel (du Moncél), Sgr de Martinvast, Beau-
repère, Acqueville, Arville, etc.,
— Jean-Philippe d'Auxais, chevalier, Sgr de Montfarville et
Mesnil-Veneron.

Alexandre François-Maximilien Longaunay, marquis de Longaunay,
Sgr de Maupertuis,
— Guillaume-Remi-Charles Kadot (Cadot), comte de Sebeville,
Sgr de Savigny.

Constantin-Frédéric-Timoléon, comte Duparc (du Parc), Sgr et patron
du Mesnil-Auval, Barville, du fief de la Haye, Saint-Sauveur et Hauteville.

Pierre-Hervé Louis de Lemperière, chevalier, Sgr du fief de Chante-
loup,
— Jacques-André-François Dosonville (d'Ozonville), sieur du
Mesnil.

Noble dame Bonne-Julie Morel de Courcy, veuve de messire Anténor-Louis Huë de Caligny, ingénieur en chef des fortifications de la Hougue, Sgr de Crunenges, tutrice principale des enfants mineurs de feu messire Anténor-Guillaume-Julie Hüe de Caligny, capitaine au régt de la Reine-cavalerie, Sgr de Morsalines et Durecu,
— Charles-Albert-Marie Huë de Caligny, chevalier non profès de l'ordre de Malte, capitaine au régt du commissaire-général.

De Tauval du Tertre, Sgr du fief du Breuil, absent.

Noble dame Rose-Aimée-Blanche d'Auxais, veuve de messire René de Carbonnel, possédant le fief de Sortoville,
— Pierre-Charles-Bernardin Dutertre (du Tertre), Sgr de Bunehon et Valmesnil.

Jean-Louis-François de Ruallem, Sgr de Nonainville,
— Louis-Henri de Berenger, chevalier de Berenger, ancien officier d'artillerie et du génie.

Jacques-François, chevalier d'Héricy, Sgr de la Varengère,
— François-Antoine-Henri d'Anneville de Chifrevast, ancien officier de dragons, chevalier non profès de l'ordre de Saint-Jean de Jérusalem.

Pierre-Charles-Jacques Duprey de Pierreville, Sgr de Pierreville,
— Léonor-Charles-Antoine Duprey, chevalier, Sgr et patron de Saint-Martin de Canilly.

René Le Fauconnier de Bernaville, Sgr de Bernaville.

Bernardin-Léonor Le Courtois, Sgr d'Héroudeville.

Jean-Baptiste-Pierre-Augustin Barbon de Querqueville, Sgr et patron de Querqueville, du Val de Sie, de Sainte-Croix Hague de Morville et de Rethoville, ancien mousquetaire gris.

Georges-Antoine Chevallier, marquis de Dancel-Quineville, Sgr et patron de Quineville, de Flottemanville, Etienville et en partie de Rethoville,
— René Le Fauconnier de Bernaville, chevalier de Saint-Louis.

Labbé de Galifet, Sgr du fief de la baronie de Reville, absent.

Madame de Reville, dame de Reville, absente.

Noble dame Hélène-Françoise-Jacqueline de Courceulles, femme civilement séparée quant aux biens de messire Jean-Jacques de Cairon de Crocy, autorisée de son mari,
— Pierre-Charles-Bernardin Dutertre (du Tertre), Sgr de Bunehon.

Mme de Thienville, dame du fief de la Brisette, absente.

Bon-Paul-Jacques Errard de Belle-Isle, chevalier, baron, Sgr et patron de Saint-Pierre-Eglise, de Neuville en Beaumont et Saint-Remy des Landes,
— François-Hyacinthe-Guillaume Danneville (d'Anneville), sieur d'Addeville.

Charles-Léonor-Hyacinthe Marguerie, comte de Colleville, brigadier des armées du Roi, Sgr du fief du Vieux,,
— Charles-Joseph Tuffin de Villiers.

Pierre-Charles-Bernard Dutertre (du Tertre), Sgr du fief de Bunehon.

Jean-René Marin de Lœuvre, chevalier, Sgr et patron honoraire du fief de Saint-Germain au Londe.

De Blanville, Sgr du fief de Thoville, absent.

Noble dame Marie-Julienne-Jourdaine-Léonore de Beaugendre, veuve de messire Jacques de Vauquelin, dame des fiefs de Saint-Georges et du Saussey,

  — Jacques-Léonor Vauquelin d'Artilly, chevalier, Sgr et patron de Branville.

Pierre-Rémond-Charles-Louis de Pierrepont, chevalier, Sgr des Biards et d'Odainville,

  — Jean-Adrien-Félix de Folliot, Sgr de Fierville et d'Anneville.

Jean-François Vauquelin, chevalier, Sgr et patron du Tourps, Canteloup, Sgr de Sainte-Geneviève et du Tourps,

  — Jacques-Léonor Vauquelin d'Artilly.

Pierre-François-Christophe Poisson, Sgr et patron de Saux-Mesnil.

Marie-Henri-Fortuné Leforestier, chevalier, Sgr et patron de Sideville, chevalier de Saint-Louis, lieutenant de Roi à Cherbourg.

Louis-Henri de Chivré, Sgr et patron de Sottevast.

Bon-Louis-Charles Bauquet, marquis de Campigny, Sgr de Surville, des Moitiers en Jalle et de Glastigny,

  — Germain-François-Joseph Colas, sieur de Premare.

René-Charles de Percy, chevalier, Sgr comte de Tonneville.

Louis-Casimir-Marie Avice, Sgr et patron de Tourville.

Noble dame Marguerite-Pétronille Dancel, veuve de messire Jacques Adrien Simon, Sgr de Berthainville, tutrice principale de leurs enfants mineurs, propriétaire du fief de Berthanville,

  — Prosper-Jean-Hervey (Hervé) Simon, sieur de Vaudreville.

D'Octeville, tuteur de M, de Tocqueville, Sgr du fief de Tourlaville, absent.

Le marquis de Bruc, Sgr de Treauvilie, absent.

Bon-Henri-Marie, marquis de Marguerye, Sgr du fief de Varouville.

Charles-Léonor-Louis, comte de Marguerie (Marguerye), Sgr du fief de la Motte,

  — Bon-Henri-Marie, marquis de Marguerie.

Louis-Jean-Baptiste-Antoine Colbert, marquis de Seignelay, Sgr de Blainville, Crevon, Saint-Agnan et Yvetot,

  — Louis-Casimir Avice, Sgr et patron de Tourville.

Messsieurs les nobles non possédant fiefs, domiciliés dans le ressort :

François-Hyacinthe-Guillaume Danneville (d'Anneville), sieur d'Addeville.

Charles-Albert-Marie Huë de Caligny; chevalier de Malte, capitaine au régt du Commissaire général cavalerie.

Bernard-Henri-Louis Huë, chevalier de Caligny, officier au régt de Beauce-infanterie.

Gilles-Valentin d'Avice, capitaine de dragons au régt de Chartres.

Jean-Jérôme Colas, chevalier de Gacé.

Guillaume-Antoine-Nicolas Portaire de Bretefetz.
Jean-René d'Yvetot.
Charles-François de Brucan, sieur de Rouville.
César-Antoine, chevalier de Brucan, ancien officier d'infanterie.
Pierre de Lesnerac, sieur de Mesniéville.
Jacques-Henri-Pelage André de Boisandré, capitaine de dragons à la
 suite du régt Colonel-Général.
Jacques-François-Marie Adoubeden de Rouville, officier au régt de
 l'Isle-Bourbon.
Joachim Lesnerac, sieur de Mesneville.
Léonard-Louis-Éloi Dancel, chevalier de Saint-Louis, ancien capitaine
 de dragons.
Léonard-Vigor-Béatrix de Mesnilreine.
Guillaume-Charles Desquaisse (de Quaisse), sieur des Essarts.
Anonime Anquetil, chevalier de Beaudreville, capitaine au régt Royal-
 Cravate, chevalier de Saint-Louis.
Prosper-Jean Hervé de Vaudreville.
Germain de Rosette de Herquetot.

BAILLIAGE SECONDAIRE DE SAINT-SAUVEUR-LE-VICOMTE

Messieurs les nobles possédant fiefs :

François-Charles Lefèvre, marquis Duquesnoy (du Quesnoy) Sgr du
 Hecquet,
   — Charles-Adolphe de Mauconvenant, marquis de Sainte-
 Suzanne, colonel de dragons, chevalier de Saint-Louis.
Charles-Daniel Loir, chevalier, Sgr du Lude et d'Auzeville.
Louis-Bernardin du Mesnildot, Sgr et patron d'Amfreville.
Mme Demathan (Mathan), dame d'Azeville, absente.
Jacques-Antoine de Saint-Simon, Sgr de Beuzeville au Plain, et du fief
 du Port en Carquebut,
   — Bon-François-Paul d'Anneville, chevalier, Sgr du Vast.
Jacques-Léonor Vauquelin d'Artilly, Sgr et patron de Branville.
De Pierrepont, Sgr de Brillevast, absent.
Charles-Simon, chevalier, Sgr de Touffreville, le Breuil, etc.,
   — Jean-Antoine-François-Olivier-Léonard de Rampan, che-
 valier, Sgr de Colomby, etc., ancien capitaine de cavalerie,
 chevalier de Saint-Louis.
Claude-Félix Dufayel (du Fayel) de Bernay, Sgr de Saint-Sauveur,
   — Antoine-Raoul de Cussy, capitaine de dragons.
Anne-Hilarion de Feuardent, Sgr d'Enelleville, élève de la marine,
   — Jean-Marin de Feuardent, chevalier d'Enelleville, capitaine
 et chevalier de Saint-Louis.
Mme de Montigny, dame d'Erouville absente.
Jacques-Marie Avice, Sgr et patron de Fermauville.

Marie-François de Bruc, marquis de la Guerche, Sgr de Flamanville et
de Grosville,

    — Antoine-Guillaume-Nicolas Ortaire (*alias* Portaire), de
    Bretefez.

François-Adrien Pinel, Sgr de Golleville, du Quesne et de Bussy,

    — Jean-Adrien-Félix de Folliot, chevalier, Sgr et patron de
    Fièreville et Aulne, chef de la division des canonniers
    garde-côtes de Barneville.

Jean-Charles-Adrien Pinel, Sgr du fief du Quesnoy en Golleville, et patron de Golleville,

    — Anonime Anquetil, chevalier de Beaudreville.

Philippe-René-Hyacinthe du Hecquet, Sgr et patron de Hauteville,

    — Louis-Henri de Bérenger, Sgr de Crosley, ancien officier
    d'artillerie et du génie.

Joseph-Bon-Pierre le Vavasseur, Sgr et patron d'Hiéville et Cerisy,
ancien officier d'infanterie.

Pierre-Bon-Antoine le Sauvage, Sgr et patron de Houesville, ancien
officier au régt d'Auvergne.

Pierre-Marie Eustace (Eustache) d'Omonville, Sgr et patron de la Bon-
neville.

Claude-Clément le Mouton, chevalier, Sgr du fief de Carmesnil, chevalier de Saint-Louis, tuteur principal des enfants mineurs de feu
messire Jacques le Mouton, chevalier, Sgr de Nehon en Doville,
Catteville et Canville,

    — Charles-Daniel Loir du Ludo.

Louis-François de Cussy, marquis de Jucoville, Sgr du fief de Nehon en
la Cambe, relevant du Roi à cause de sa vicomté de Saint-Sauveur-
le-Vicomte.

Louis-Henri de Bérenger, chevalier, Sgr du Croley, ancien officier d'artillerie et du génie.

Jean-René le Comte, sieur de Bois-Roger, Sgr du fief d'Aouville, et
Rouville,

    — Alexis-Christophe Darot, chevalier de Vaugoubert, capitaine
    d'artillerie au régt de Strasbourg.

Noble dame Élisabeth-Louise Poutrel, veuve de messire Pierre-Joseph
David, Sgr de Vierville,

    — Hervé Michel, sieur de Chambert.

Henri-François Duhéquet (Hecquet), Sgr et patron de Rauville la Place,

    — Jean-Antoine-François-Olivier de Léonard de Rampan,
    chevalier, Sgr en partie de Colomby, chevalier de Saint-
    Louis.

Claude-Clément le Mouton, chevalier, Sgr de Carmesnil, tuteur principal des enfants mineurs de messire Pierre-Bon-François de Clamorgan, chevalier, Sgr du fief de Taillefer.

    — Charles-Daniel Loir Dulude (du Lude), chevalier, Sgr du
    Lude.

Noble dame Bonne-Julie Morel de Courcy, dame et patrone d'Hu-
berville, Barrehayes et Saint-Cyr, veuve de messire Anténor-Louis
Huë de Caligny, ingénieur en chef de la Hougue, Sgr de Crumicque,
Tergaste, etc.,

— Bernard-Henri-Louis Huë de Caligny, officier au régt de Beauce-infanterie.

Jean-Baptiste le Courtois de Sainte-Colombe, Sgr et patron de Sainte-Colombe, Meureville près la mer, Lingreville et Tonneville.

Dlle Marie-Jeanne-Lucile Barbey de Taillepied,

— René-Charles de Percy, Sgr et patron de Tourneville.

Guillaume-René Danneville (d'Anneville), marquis de Chiffrevast, Sgr de Tamerville et de Sainte-Marie d'Andouville,

— François-Antoine-Henri Danneville (d'Anneville) de Chiffrevast, ancien officier de dragons, chevalier non profès de l'ordre de Saint-Jean de Jérusalem.

François de Cussy, Sgr de Theurteville-Hague, absent.

Clerel, Sgr de Tocqueville, absent.

Noble dame Marie-Marguerite le Roux, veuve de messire François du Moncel, dame du fief d'Ozeville en Tocqueville,

— Jean-Pierre-Désiré Lucas, Sgr et patron de Courville.

Jean-Charles-Adrien de Folliot, Sgr et patron de Durville à la Hague,

— Thomas-François Debeaudrap (de Beaudrap), Sgr et patron de Biville, Sgr de Moitiers au Mesnil et Porbail.

Augustin-René le Fèvre, Sgr de Viraudeville,

— Marie-Henri-Fortuné le Forestier, chevalier, Sgr et patron de Sideville, chevalier de Saint-Louis, lieutenant de Roi à Cherbourg.

Messieurs les nobles non possédant fiefs, domiciliés dans le ressort :

François-Alexandre de Chantepie-Fontenay.

Germain-François-Joseph Colas, sieur de Prémare.

Louis-François d'Ozonville, officier des canonniers garde-côtes.

Claude-Adrien Le Comte de la Varengerie.

Jean-Marin Feuardent, chevalier de Saint-Louis, capitaine de vaisseau.

Jacques-François Feuardent.

Jacques-André-François d'Ozonville, chevalier, sieur du Mesnil.

François-Antoine-Henri d'Anneville de Chiffrevast, ancien officier de dragons, chevalier non profès de l'ordre de Saint-Jean de Jérusalem.

Jacques-Joseph Ravent.

Louis-Charles-François, chevalier d'Abôville de la Porte, sous-lieutenant de vaisseau.

BAILLIAGE SECONDAIRE DE TINCHEBRAY.

Messieurs les nobles non possédant fiefs :

Duchastel, Sgr de Saint-Pierre de Tinchebray, absent.

Le Bret, Sgr des fiefs de Montbalier, Saint-Jean des Bois, Yvrande, etc., absent.

Mme de Longaunay, dame de Condé et de Bouteville, absente.

Georges-Antoine de Banville, Sgr du Mesnil et du Rozel,
— Charles-Antoine Payen, chevalier de la Fresnaye.
Pierre-André-François de Saint-Germain, Sgr et patron d'Athis,
— Charles-Jean-Pierre d'Auxais, chevalier, capitaine d'infanterie.
Charles-François-Casimir de Saulx, duc de Saulx-Tavanes, Sgr baron d'Aulney, maréchal de camp,
— François-Louis Bauquet de Grandval, chevalier de Saint-Louis.
De Balleroy, Sgr de Balleroy, absent.
Joseph-François-Anselme, comte de Poret de Berjon, Sgr de Berjon, chef d'escadre,
— Pierre-François-Casimir Sorin, Sgr de Lepesse.
Ferdinand-Georges-Aimable Delaroque (de la Roque) Ménillet, Sgr de Bernières-le-Patry,
— Alexandre-Constantin de Saffray, Sgr et patron de Vanville.
Pierre Demarceuil (de Marceuil), chevalier de Saint-Louis, Sgr du fief de la Haute-Rochelle en Bernières,
— Charles-Eugène-Narcisse Delaroque (de la Roque).
Jacques-Philippe-Louis Lefrère (le Frère) de Maisons, Sgr de Bréel, etc.,
— Charles-Antoine-Julien-Jean Poupinel, chevalier, Sgr et patron de Quetreville.
Jean-Léonor Dubosc (du Bosc), marquis de Radepont de Cahagnes, baron d'Aubigny, maréchal de camp,
— Constantin-Frédéric-Timoléon, comte Duparc (du Parc), Sgr du Mesnil au Val, Barville, etc., officier du régt du Roi.
Demoges (de Moges), Sgr du fief de Vauvray, absent.
Noble dame Marie-Jacqueline-Françoise de Gohier, veuve de messire Charles-François de Ciresme, dame et patronne de Coulvain,
— Nicolas-Joseph-Jean-Adrien-Louis de Gohier, capitaine d'infanterie chevalier de Saint-Louis.
De Baudouin, Sgr du fief Avenelle à Croisille, absent.
De Baudouin, Sgr du fief des Pins, absent.
Charles-François Delalande (de la Lande) de Sainte-Croix, Sgr du Détroit,
— Léonor-Honoré-François Demons (de Mons), Sgr et patron de Carantilly, Cametour, etc.
Jacques-Louis le Harivel, baron de Fresne, Sgr de Beauchesne.
Grandin de la Gaillonnière, Sgr du Corbet, absent.
De Saint-Denis, Sgr de la paroisse de Landes, absent.
Charles-Augustin Viel, Sgr de la paroisse de Maisoncelles-la-Jourdan, absent.
Edmond-Louis Le Doulcet, Sgr de Méré, major de cavalerie, chevalier de Saint-Louis,
— Alexandre-Bernard Gigault Debelfont (de Bellefond), capitaine au régiment de Franche-Comté.
Jean-Jacques-Louis Pomponne de Manoury, Sgr de Brieu et de Croisille,
— Jacques-Guy Poullain, Sgr des Châteaux.

Georges-François-Marin Levaillant de la Ferrière, chevalier, Sgr et patron de Prouey, Montbray, etc.,
— Jean-Marie-François de Fraslin, Sgr et patron du Lorey.
De Boiseudes, Sgr de la Fresnaye, absent.
Louis-Bertrand-Jean-Julien de Thoury, Sgr de Préaux et Poulage,
— Gabriel-François de Cussy, chevalier de Saint-Louis.
Philibert Durozel (du Rozel), Sgr du Theil,
— Charles-Hervé-Valentin-François de Bordes.
Claude-Nicolas-Michel de Saint-Sauveur, baron de Saint-Sauveur, Sgr de Sainte-Honorine, la Chardonne, Epinouze, etc.,
— Guillaume-Remi-Charles Kadot (Cadot), comte de Sebeville, Sgr de Savigny, capitaine de dragons.
Louis-André de Baudre, Sgr de la Poterie,
— Jean-Nicolas de Berruyer de Gonneville.
Pierre-Constantin de la Boderie, Sgr de la Margerie, absent.
Guy-François de Gonidec (le Gonidec), Sgr de la Pouplière,
— Louis-Bernardin Leneuf, comte de Sourdeval.
De Vaudichon Delisle (de l'Isle), Sgr de la paroisse de Tourailles, absent.

Messieurs les nobles non possédant fiefs : néant (1).

GOUVERNEMENT MILITAIRE (2).

Le duc d'Harcourt, gouverneur général, commandant en chef.
Le duc de Beuvron, lieutenant général, commandant en second.
Le comte de Valentinois, lieutenant général.

Lieutenants de Roi :

Le duc de Gesvres.
Le baron de Montaut.
Le marquis de Canisy.
Le marquis de Faudoas.

Le marquis de Bongars d'Aspremont.
Le marquis de l'Aigle.

Lieutenants des maréchaux de France :

De Bonvouloir, chevalier de Saint-Louis à Saint-Lô.
Dormans de Sévilly, à Alençon.
Denneval, chevalier de Saint-Louis, à Séez.
Godefroy, à Avranches.

(1) Cette liste a été revue et complétée sur la minute du procès-verbal des archives de l'Empire (B. a, IV, 27).
(2) Extrait de *l'Almanach de Normandie* en 1788, Bibl. imp. Le 23, 66 ; — et de *l'État militaire de la France* en 1789.

De Bonnières, chevalier de Saint-Louis, à Verneuil.

Saint-Aignan, à Verneuil.

Le comte de Grainville-Trébons, chevalier de Saint-Louis, au pays de Caux.

Le marquis de Giverville, chevalier de Saint-Louis, à Orbec.

De Boisligny, chevalier de Saint-Louis, à Exmes.

Le comte de Caullière, chevalier de Saint-Louis, à Aumale et Eu.

De Verton, à Eu.

Gaultier de Carville, à Vire.

Le chevalier de Campagnol, à Vire.

D'Amouville, à Gisors.

Baigneux de Courcival, à Mamers.

Caillard de Beauvoir, à Mamers.

Le Marchand de Louvagny, à Argentan.

De Cauvigny, à Caen.

Le comte Labbey de Villerville, à Honfleur.

Le baron du Maillet à Bernay.

De la Martellière, à Bellesme.

Le comte de Saint-Denis, à Breteuil.

Leroy de Livet, à Pont-Audemer (1).

Cavelier des Clavelles, chevalier de Saint-Louis, à Rouen.

De Malherbe de Saint-Laurent, à Rouen.

Le comte de Limoges à Caudebec.

Toustain de Richebourg, au pays de Caux.

Le baron de Larchier de Courcelles, au Pont de l'Arche.

Pellegars de la Rivière, au Pont-Audemer.

Le marquis de Barville, à Orbec.

De Bellemare de Saint-Cyr, chevalier de Saint-Louis, à Lisieux.

De Ricarville, à Dieppe et Arques.

Moisson de Précorbin, à Caen.

Le chevalier d'Anctoville, à Caen.

Du Homme de Sainte-Croix, à Bayeux.

Du Prey de Pierreville, à Coutances.

Le marquis du Quesnoy, à Avranches.

Le Roy de Day, à Saint-Lô et Thorigny.

Hervé de Thieuville, à Valognes.

De la Chalerie, à Domfront.

Havas du Taillis, à Tinchebray.

De Thoury de la Corderie, à Mortain.

De Saint-Denis de Vervaine, à Alençon.

De Courcy de Montmorin, à Nonancourt.

Malherbe de Fresney, à Falaise.

De Nocey, à Pont-l'Évêque.

Le Jumel, à Honfleur.

De la Barre, au duché de Gisors.

De Gerville, à Vernon.

De Manoury d'Aubry, à Exmes.

Le baron de Saint-Ouen de Beauval, à Neufchâtel et Aumale.

---

(1) Ces vingt-trois premiers noms de MM. les lieutenants des maréchaux de France sont empruntés à l'État militaire, et ne figurent pas sur l'Almanach de Normandie.

Gouvernements particuliers.

Rouen.............. Le marquis de Romé, gouverneur.
Le duc de Beuvron, gouverneur du vieux palais.
D'Osmont, lieutenant de Roi.
Binet, major.

Caen.............. Le duc de Coigny, gouverneur, grand bailli.
Le comte de Mathan, lieutenant de Roi.
Le chevalier de Canchy, major.
Le baron de Saint Maclou, major.

Cherbourg........... Le comte de Valentinois, gouverneur.
De Forestier, lieutenant de Roi.
De Saint-Germain, major.
Le chevalier de Renault, major.

Dieppe .... Cavelier de Tourville, gouverneur.
et Le comte d'Adhémar, gouverneur.
Château d'Arques. Le comte de Caumont, lieutenant de Roi.
Le baron de Feug, lieutenant de Roi.
De Filhot, major.

Bernay .... Le marquis d'Heudreville, gouverneur.
Le marquis de Bongars en survivance.
Froger, lieutenant de Roi.

Honfleur........... De Saint-Mars, lieutenant de Roi.
Le chevalier de Gasey, major.

Barfleur........... Le baron de Clitourps, gouverneur.
Pont de l'Arche....... Le marquis de Pons, gouverneur.
Routier, lieutenant de Roi.

Granville........... Le comte de Valentinois, gouverneur.
De Fralins, commandant,
De Préfort, commandant.

Saint-Lô........... Le comte de Valentinois, gouverneur.
De la Tour, commandant.

Coutances........... Partyet, gouverneur.
Caudebec........... Le chevalier Picquet, gouverneur.
Gisors........... Le marquis de Bonneguise, gouverneur.
De Gars, lieutenant de Roi.

Lions........... De Maupertuis, lieutenant de Roi.
Lisieux........... Le marquis de Brancas, gouverneur.
De Frondeville, lieutenant de Roi.

Pont-Audemer........ Le duc de Gesvres, gouverneur.
Le baron Scott, lieutenant de Roi.

Verneuil........... De Rochechouart, gouverneur.
L'Aigle........... De la Mare, gouverneur.
Falaise........... D'Aubigny, gouverneur.
Domfront........... De la Benardais, lieutenant de Roi.
Vire et Château...... Le chevalier de Sainson, gouverneur.
Valognes........... De Courcy, gouverneur.
Carentan........... Le chevalier de Lessay, gouverneur.
Avranches........... De Serissac, gouverneur.

Séez................. Rouvière, gouverneur.
La Hougue........... Le chevalier de Colleville, commandant.
Isle de Chaussay...... Le comte de Valentinois, gouverneur.
Mont Saint-Michel.... L'archevêque de Toulouse, gouverneur.
Neufchâtel........... De Bully, commandant.
Bayeux et Château.... Couvert de Coulons, gouverneur.
Orbec............... Léger, gouverneur.
Saint-Valery en Caux. De Montigny, gouverneur.
Bolbec............. . Waubert de Chevilly, gouverneur (1).

GOUVERNEMENT GÉNÉRAL DU HAVRE.

Le comte de Buzançois, gouverneur.
Le comte de Valentinois, lieutenant général.
Le comte de Villeneuve-Cillart, lieutenant de Roi, commandant.
De Ricouart d'Hérouville, lieutenant de Roi.

Lieutenants des maréchaux de France :

Le comte de Toustain Richebourg, chevalier de Saint-Louis, au Hâvre.
Le chevalier de Limoges de Thuit, au Hâvre.

Gouvernement particulier :

Le Havre............. Le comte de Buzançois, gouverneur.
                      Le comte de Villeneuve-Cillart, lieutenant de
                      Roi.
                      De Mainville, major.
Tour du Havre ...... De Bruchié, major commandant.
Harfleur .... Le comte de Buzançois, gouverneur.
Fécamp.............. Le marquis de Canillac, gouverneur.
                      Le comte d'Etrebon (de Trébons), lieutenant de
                      Roi.
                      Descalles, major.

(1) Le marquis de Courcy, commandait dans la presqu'île de la Basse-Normandie.

PARIS — IMPRIMERIE DE DUBUISSON ET Cᵉ, 5, RUE COQ-HÉRON.

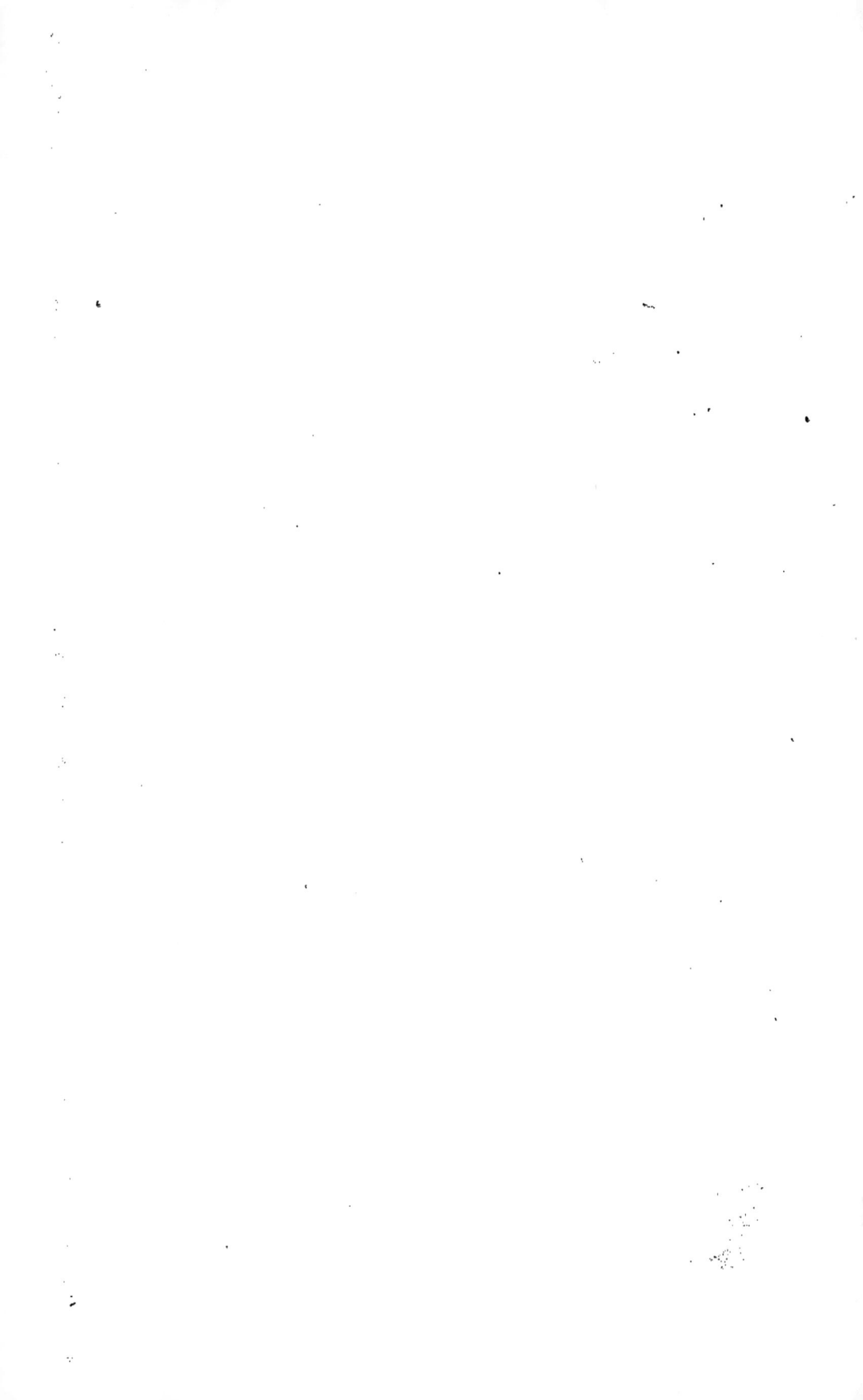

www.ingramcontent.com/pod-product-compliance
Lightning Source LLC
Chambersburg PA
CBHW070940280326
41934CB00009B/1957